빛으로 본
한국 역사

김영석   충남 아산 사람이다. 행정고시 제27회 1983년 출신으로, 해양수산부 장관을 지냈으며 현재 순천향대학교 석좌교수다. 미국 시라큐스대에서 석사학위를 하고, 영국대사관에서 해양수산관 겸 일등서기관을 거쳤다. 대통령비서실 경제수석실에서 행정관과 비서관을 지냈다.

우리 국민 특히 미래 세대들에게 단군조선 이래 현 세대에 이르기까지 살아있는 정신과 영감을 가졌던 '사람들'과 '그 행적'에 주목하다. 그리하여 역경을 극복하고 기적을 만들어가는 대한민국의 역사를 '새로운 빛으로 바라보고, 미래를 꿈꾸는 시각'을 제시하고 있다.

빛으로 본
한국 역사

나의 딸, 나의 아들과
미래 세대에게 들려주는
우리 역사 이야기

김영석 지음

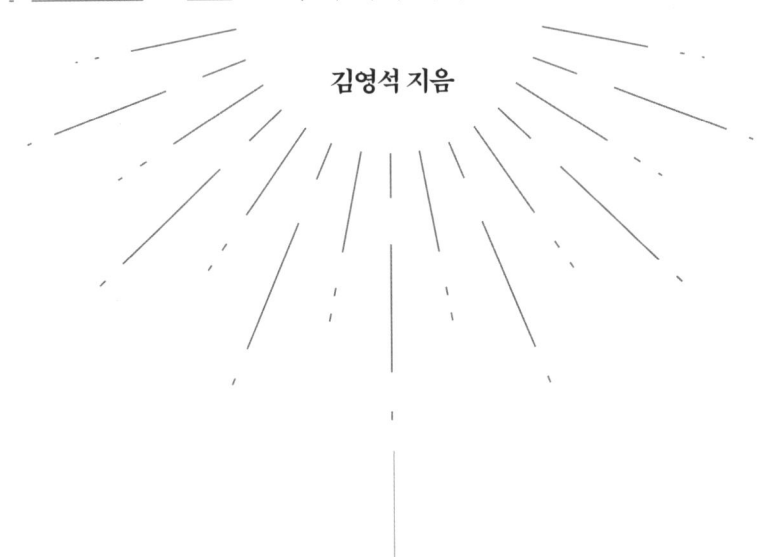

DodoBook

프롤로그

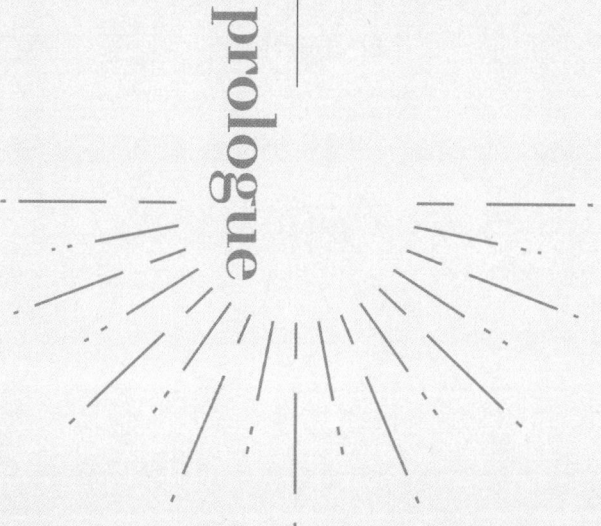

우리 꿈꾸며 미래로 나아가는 나의 자녀들과 미래세대를 위하여 우리나라 역사의 정수(精髓)를 현재와 미래의 빛과 영감으로 다시 비추어 보니 모든 시대의 굴곡과 고비마다 '하느님이 사랑하사 보우(保佑)하신 나라'가 분명하다.

글을 씀에 '살아있는 정신과 영감을 가지고 의미 있는 발자취를 남긴' 사람과 그 행적에 집중하였다.

이 책은 읽는 이의 공감과 감동이 있어야 한다는 전제를 두고자 했다. 공감이, 감동이 없으면 역사가 살아 움직이지 않는다. 의미도 가치도 빛을 잃기 쉽기 때문이다.

역사는 본시 신화(神話)와 상징적 사건, 기적으로 가득 차 있다. 그럼에도 가능한 한 우리 국민이 공감하고 인정하는 사실관계를 중심으로 기술하였다.

국제관계 등이 포함된 역사적 사실을 기술함에 있어 가능하면 논란을 피하고 공감할 수 있는 것을 취하되, 때로는 직관·통찰적 입장에서 접근하였다.

우리 민족은 꿈이 많은 민족! 희생과 헌신, 사랑과 용기와 믿음이 면면히 기적의 흐름을 만들었다.

우리의 역사와 전통, 유물과 기록, 흙 한 줌, 공기와 숨결조차 소중하다. 가장 한국적인 것을 보고싶고 또 중요하게 생각한다. 한국인이 좋아하고 공감하는 모든 것, 소중하게 생각하는 정신과 가치를 일깨우고 싶다.

읽는 이들이여! 우리 자신, 문화와 생각, 역사, 민족에 대한 사랑과 희망을 회복하자.

그리하면 당신의 창조적 정신이, 혼(魂)이, 역사를 관통하는 정수의 빛을 쫓아가며, 결국 당신의 내면 깊은 열정과 꿈으로 승화되어 우리 민족의 미래를 창조적으로 이끌어 갈 것이다.

2023 가을, 초고를 마치며

김 영 석

차 례

프롤로그 • 4

1 하느님을 경배하는 나라가 서다 —————— 13

2 한반도, 만주와 요동에 굳게 선 세 나라 —————— 21
   부여에서 남하한 신흥 고구려의 강한 지배력 • 23
   해양에 기반을 둔 화려한 문화, 백제 • 31
   한강의 최종 주인은 동남쪽의 패권국 신라 • 39

3 제4의 연맹국, 철의 본산 가야 —————— 47

4 고구려의 정통성과 정신을 계승한 발해 —————— 55

5 새로운 통일왕국, 통일신라 —————— 63
   통일왕국이 자리잡고 불교가 흥왕하다 • 65
   혼란의 바람, 위대한 해상왕 그리고 후삼국 • 69

6 강한 리더십과 통일정신으로 세운 고려 ——— 75
후삼국의 주인공이 되다 • 77
문벌 모순과 개혁의 충돌 그리고 무신지배의 새 질서 • 81
거란의 침입과 고려의 지혜 • 84
여진의 흥망 속에서 • 86
몽골의 침입과 자주저항 정신 • 87
여·원의 일본정벌, 김방경의 족적 • 89
새로워져 돌아온 공민왕의 개혁 바람 • 91
원·명 교체기에 나타난 신흥 무인세력의 발흥 • 94
고려조에 빛난 위대한 종교와 정신문화 • 96

7 새로운 개혁정신, 조선이 서다 ——— 101
신흥세력이 세운 조선 • 103
이방원의 거친 집권, 그러나 안정된 치세 • 108
위대한 지혜의 왕 세종의 치세와 이후 정세 • 110
성종의 선정(善政), 후대 승계 뒤편에 허무한 권력다툼 • 117
신뢰성 없는 왜구의 빈번한 문란과 다스림 • 126
열등감 많은 선조 전후의 권력투쟁과 타락의 끝 • 128

8 시련을 넘어 부는 개혁의 새 바람 ——— 133
7년 전쟁과 위대한 영웅의 탄생 • 135
불우하지만 스타성 있던 왕 광해의 시대 • 148
여진족 청의 무도한 침공 • 150
붕당 속 숙종의 개혁 추진 • 153
영·정조 탕평의 묘 그리고 개혁 황금기 • 161

9 흔들림 속에서 싹트는 기운 ——— 167
조선 후기, 전환기적 암흑기와 새로운 정신문화 • 169
흔들리는 조선말, 세도정치의 '가시'와 민란의 바람 • 178
뒤늦은 서양문물의 전래와 실학의 발아 • 185
이양선의 거친 등장, 나라 문을 잠그고 천주교를 적대하다 • 194

10 허약한 리더십과 외세의 각축 속에서 ——— 201
영민한 중전 민씨의 등장 • 203
개화의 빛, 조정은 급한 풍랑에 떠돌고 • 204
일본의 주권 침탈 속에서 개화의 바람 • 215
고난과 국권 강탈 속에 빛난 자주와 저항정신 • 230

11 총칼 앞에 마주선 조선의 깃발 ——— 239
탄압과 수탈 속에 타오르는 국내외 저항운동 • 241
조선왕실이 끝나도 혼을 담은 저항은 계속되다 • 260
새벽이 움트고, 크고 밝은 빛이 일어나다 • 262
일본의 패망 마침내 해방의 빛 • 269

12 광복 대한민국의 새로운 출항 ——— 273
남북 세력균형 속에 들어선 빛과 그림자 • 275
가공할 피의 전쟁 • 285
이승만 정부의 불행한 권력욕과 정치파동 • 292

13 급속한 정치변화 속에 가파른 경제성장의 기적 ——— 299
실험적인 내각책임제의 제2공화국 • 301
사회적 혼란 가운데 군이 일어서다 • 302

발빠른 행보 속에 개혁과 억압의 쌍곡선 • 304

14 통치체제 전환 가운데 군부정치의 빛과 그림자 —— 321
과도적 시기의 아노미적 상황과 민주화 운동 • 323
신군부 정권의 전환기적 개혁 그리고 경제성장의 파란불 • 325
평화적 정권 이양과 빛나는 서울올림픽 • 327

15 민간주도 민주정부가 탄생하여 개혁을 거듭하다 —— 331
민간 정부가 들어서고 파격적인 개혁을 단행하다 • 333
여·야 정권교체 후 위기를 극복하고 햇볕정책을 펼치다 • 335
권위주의를 멀리한 서민 대통령의 투쟁과 통찰 • 337
기업인, 서울시장 출신 대통령의 무한도전 • 340

에필로그 특별한 나라 대한민국, 문득 다가올 통일 • 344
주 • 350

하느님을 경배하는 나라가 서다

1

하느님 환인(桓因, 천제)께서 인간 세상에 뜻을 둔 아들 환웅(桓雄)을 한반도에 내려보내시며 하늘 세계의 원리처럼 '널리 세상을 이롭게 하라(弘益人間, 홍익인간)'고 이르시다.

이 환인족은 대략 삼천이라. 태백산 정상의 신단수 밑에 내려와 신시(神市)를 베풀다. 환웅이 바람의 신(풍백), 비의 신(우사), 구름의 신(운사)을 거느리고 곡식, 생명, 질병, 형벌, 선악 등 무릇 인간의 360여 가지 일을 주관하며 세상을 다스리다.

환웅은 곰족과 호랑이족 출신 중에서 곰족 웅녀와 결혼하여 단군왕검을 낳으니, 그가 아사달에 도읍하여 고조선을 세우다.

단군왕검은 하느님께 대한 제사장이요 최고 지도자라. 그는 하느님의 자손이라는 인식과 자부심을 잊지 않고, '인간을 널리 이롭

게 하라(弘益人間)'는 말씀과 '이치(理致)로 세상을 다스리라(在世理化)'는 정신을 마음에 새겨둔 큰 인물이라. 생명, 신체, 재산 등에 관한 팔조법을 두고 사회질서를 유지하다.

고조선은 고대의 요수¹를 중심으로 한 요서, 만주와 요동, 한반도 등지에서 많은 나라들²을 다스리며 중국의 연나라와 대적할 만큼 성장해 가다.

단군왕검의 뒤를 이어 오랜 기간 단군 임금들이 다스리다가 부왕, 준왕³이 뒤를 이었는데 이미 서쪽에 새로운 세력이 움직이고 있던 때라.

중국의 진나라와 한나라 교체기에 상투 틀고 조선옷 입은 조선족 혈통의 위만이 중국 연나라 지역에서 이주민 세력을 통합한 후 천여 명의 무리를 이끌고 하북성과 산동반도 주변에서 독자적인 세력을 늘려가다가 왕검성(왕험성)을 공격하여 준왕을 내치고 권세를 잡으니 곧 위만조선이라. 그는 왕이 된 이후에도 나라 이름을 조선이라 하는 등 단군조선의 정통성을 분명히 계승하다.

새로운 세력의 강한 지도자 위만은 발달한 철기를 수용하고 정치 조직을 정비하면서 영토를 넓혀가는 한편, 중국의 한(漢)과 남방의 진(秦) 사이에서 중계무역을 하는 등 강한 상권도 형성하다. 이

조선 후기 초상화가 채용신이 그린 단군

과정에서 사회질서를 유지하던 팔조법은 육십여 조의 법으로 늘어나다.

위만의 조선이 세력을 늘려가니 이를 견제하기 위해 한나라 무제가 5만여 명의 육군과 7천여 수군으로 고조선을 침략하다. 그러나 험한 지세를 이용한 고조선의 강한 저항에 고전하다가 '회유'와 '매수'를 동원하여 지배층 간 분열을 일으키니 1년여 만에 어렵게 왕검성을 함락시키다.

한은 군현을 고대의 요수와 요하 주변에 낙랑, 진번, 임둔, 현도 네 곳에 두다. 그러나 한 군현은 고조선 유민들의 저항으로 얼마 되지 않아 현저히 약화되다가 고구려의 공격으로 이른 시기에 소멸하다.

만주와 한반도 지역에 좀 더 북쪽으로는 부여, 고구려, 읍루 등이 연맹왕국으로 자리 잡고, 반도 동쪽으로 옥저와 동예, 반도 아래에 마한·변한·진한의 삼한이 자리 잡다. 이 국가들은 고조선의 거수국(渠帥國)[4]이다가 고조선의 중앙권력이 약화되면서 독립 국가로 발전해 나가다.

활 잘 쏘는 주몽은 동명왕이 건국한 예맥족 국가인 부여의 지배층 사람으로 하느님의 아들(天帝) 해모수가 물의 신 하백의 딸 유화와 사랑하여 낳은 큰 알에서 나온 자로다.

부여 금와왕의 맏아들 대소가 주몽을 해치려 하자 어미 유화의 권유에 따라 주몽(동명왕)은 남쪽으로 내려와서 옛 요동지역의 졸본성에 고구려를 세우고 서쪽으로는 요서(遼西)에 10개 성을 쌓아 한나라 군사들에 대비하는 등[5] 강한 국가를 만들다.

마한[6], 진한, 변한이라 불리운 삼한에는 신지, 읍차라는 군장이 다스린 바, 그중 가장 세력이 강한 마한의 목지국 군장이 대표가 되다. 삼한에는 하느님을 모시는 소도(蘇塗)가 있어 제사장인 천군이 다스리니, 들어가면 범죄자도 잡지 못하는 신성한 도피성이라. 씨뿌리는 오월과 추수하는 시월에는 하느님께 제를 지내다.

> 국읍(國邑)에 각각 한 사람씩을 세워서 천신(天神)에 대한 제사를 주관하게 하는데, 이를 천군(天君)이라 부른다. 또 여러 나라에는 각기 별읍(別邑)이 있으니 그것을 소도(蘇塗)라고 한다. 큰 나무를 세우고 방울과 북을 매달아 놓고 귀신을 섬긴다. 도망하여 그 안을 들어온 사람은 누구든 돌려보내지 아니하다.
> -《삼국지 위지 동이전》

부족들이 연맹하니, 북에는 고구려, 마한지역에 백제, 진한지역에 사로 부족국에서 출발한 신라가 왕권을 가진 고대국가로 성장하다.

한반도, 만주와 요동 지방에 굳게 선 세 나라

2

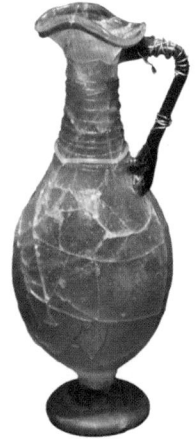

부여에서 남하한 신흥 고구려의 강한 지배력

하느님의 아들이라 일컫은 해모수의 아들 고주몽(동명성왕)이 부여로부터 이주하여 졸본천과 졸본성에 도읍하고, 주변 세력을 통합한 강한 연맹왕국 고구려를 세우다. 고구려인은 스스로를 하느님의 자손으로 여기다.

태조왕이 강한 중앙집권국가를 만들면서 요동의 서안평을 습격하고, 대방(帶方)의 수장을 죽인 후 낙랑태수를 공격하다. 부전고원을 넘어 동해안의 옥저를 정복하여 성읍을 만들고 국경을 개척하니, 동으로는 창해(동해)에 이르고 남으로는 살수에 이르다. 계루부 고씨가 왕위를 독점적으로 세습하다.

고국천왕은 왕권을 강화하며 왕위를 형제 상속에서 부자 상속으로 바꾸다.

미천왕 때에는 중국이 5호 16국¹으로 나뉘어 혼란한 틈을 타서 대외 팽창을 시도하다. 낙랑군을 공격하여 중국 세력을 완전히 몰아내고 대동강 유역을 확보하여 남쪽으로 진출하는 발판을 마련하다.

고국원왕이 선비족의 전연과 다투기도 하나, 강해진 백제 근초고왕과의 전투에서 목숨을 잃다.

뒤를 이은 소수림왕은 신체가 장대하며 웅대한 전략을 가지고 고구려의 기틀을 다진 왕이라. 전진(前秦)과 수교하며 대외관계를 안정시키고 불교를 수용하여 일체감을 높이다. 태학을 설립하고 율령을 반포하는 등 개혁을 이끌면서 크게 강해지다.

이어 광개토(廣開土)대왕 대에는 이름 그대로 고구려의 전성기를 이루니 가히 천하의 중심이 되다.

광개토대왕은 숙신(말갈)을 정벌하니 숙신은 고구려에 조공을 바치다. 또 태조 주몽왕 때 고구려의 속민(屬民)이다가 이반한 동부여를 정벌하니 동부여 64개 성과 1400여 촌을 격파하므로 결국 고구려 문자왕(장수왕의 손자) 때 통합되다.

광개토대왕이 할아버지 고국원왕을 전사케 한 백제를 치니 대왕이 직접 군사를 이끌고 58성 700촌을 획득하다.

광개토대왕은 일본 왜구가 신라를 침공했을 때 신라 내물 마립간이 '왜인이 나라에 가득 찼으니 구해달라'고 급하게 요청하니 철갑기병대 등 5만 군사를 보내어 왜구를 격퇴하고 김해 금관가야까지 평정하다.

> 이에 충주에 고구려비를 세우니
> '고려대왕 상왕공과 신라 매금(마립간)은 세세토록 형제같이 지내기를 원하며 서로 수천(守天)하기 위해 동으로 왔다'
> - 충주 고구려비 비문

광개토대왕이 왜구 및 가야를 정벌하므로 가야의 중심이 금관가야에서 대가야로 옮겨지다. 이후 신라는 외세를 끌어들인 대가로 자연스레 고구려의 간섭을 받다.

또한 광개토대왕은 거란과 후연(선비족)을 격파하고 요동과 만주 일대를 장악하다. 대왕이 동아시아의 지배권을 세우다.

> 이로써 후에 장수왕이 중국 지린성에 광개토대왕릉비를 세우니,
> '왕의 은택은 하늘에 미쳤고 위엄은 사해에 떨쳤다. 나쁜 무리를 쓸어 없애니 백성이 각기 생업에 힘쓰고 편안히 살게 되었다. 나라

광개토대왕비.
사와 슌이치 촬영. 1921
국립중앙박물관

고구려 장천1호분,
안악3호분 벽화

는 부강해지고 백성은 풍족해졌으며 오곡이 풍성하게 익었다.'
- 광개토대왕릉비 비문

광개토대왕에 이어 체격과 용모가 뛰어난 장수왕(이름은 고련 또는 거련이라)이 전성기를 잇다. 장수왕은 이름 그대로 80여 년간 고구려의 최전성기를 이끈 큰 그릇이라.

장수왕은 도읍을 국내성(길림성 지역의 통구성通溝城)에서 평양(동녕로,《원사(元史)》의 지리지)[2]으로 옮기고 영토확장의 무게중심을 남쪽으로 옮기면서 백제 개로왕을 죽이고 한강 유역을 차지하다. 이는 선대인 고국원왕이 백제 근초고왕에게 죽임당한 데 대한 복수의 의미도 가지다.

그 과정에 장수왕은 중국의 남조 및 북조와 균형 외교를 펼치면서 뒷문을 단속하다. 고구려의 전성기는 장수왕이 세운 통구의 광개토대왕비와 충주 고구려비에서 잘 알 수 있다.

영양왕에 이르러 수가 고구려를 침략하려는 야욕을 보이자 고구려는 전략적 요충지인 요서지방을 선제 공격하다. 이에 중국 수문제가 고구려에 침공하였으나 성과가 없고, 다시 수양제가 113만 명의 대군을 이끌고 침입하나 명장 을지문덕이 유도작전으로 수의 대군을 크게 물리치니 곧 살수대첩이라. 무리한 원정을 한 수는 국력이 다하여 멸망에 이르다. 중국에 당나라가 수나라의 뒤를 잇다.

고구려 연개소문이 집권하자 친당정책을 편 영류왕을 쿠데타로 폐하고 보장왕에게 왕위를 주다. 연개소문이 요동에 천리장성(부여성~비사성)을 쌓아 침략에 대비하다.

당 태종이 연개소문의 정변을 구실로 직접 대규모 병력을 동원하여 개모성과 요동성을 함락시키나, 안시성의 양만춘이 3개월간의 공방 끝에 훌륭히 물리치다.

당 고종도 정명진, 설인귀에게 명하여 2차 침입을 하고, 또 설인귀로 하여금 3차 침입을 강행하나 모두 실패하다.

수·당을 물리친 고구려는 결국 백제, 신라까지도 중국으로부터 보호하게 되는 형국이나, 오랜 전쟁으로 국력이 쇠하다.

연개소문이 죽자, 권력의 공백과 함께 연개소문 아들 간의 권력다툼이 생긴 사이에 신라와 당의 연합군이 고구려를 멸망시키다.

고구려의 보장왕 후신인 안승이 고연무, 검모잠 등과 함께 고구려 부흥운동을 펼치나 결국 내분이 일어나 왕족 안승이 검모잠을 죽이고 신라에 투항하다.

승려 담징은 왜로 건너가 종이·먹 만드는 법을 가르치고, 승려 혜자는 쇼토쿠 태자의 스승이 되었으며 승려 혜관은 불교를 전파하다.

해양에 기반을 둔
화려한 문화,
백제

고구려 태조 주몽의 아들 온조가 부여를 떠나 새 나라를 세우기 위해 남쪽으로 내려와 한강 유역인 하남 위례성에서 토착 세력을 아우르고 백제를 건국하다.[3]

온조와 함께 내려온 주몽의 다른 아들이자 형인 비류가 미추홀에 자리 잡다가 세상을 떠나자 그 신하와 백성들이 모두 위례성으로 합류하다.

경기, 충청, 전라도 지역에 자리 잡은 마한의 여러 소국 중 하나로 출발한 백제는 토착 세력 한인(韓人)이 주축이 되고 예인(濊人, 말갈)들이 합류하다. 한성 도읍기에는 부여족 계통이 주류를 이루다. 삼국 간 및 중국, 왜와 접촉이 본격화되면서부터는 신라인, 고구려인, 왜인, 중국계통의 사람들도 지배세력에 편입되다.

백제는 농경과 교통에 유리한 한강 유역을 발판으로 북으로 예성강, 동으로 춘천, 남으로 안성과 성환, 서로는 서해에 이르는 지역을 확보하면서 빠르게 성장하다.

고이왕은 한강 유역을 장악하고 중국의 요서, 동진, 왜 등 여러 나라와 교통하고 신문물을 접하면서 강해지더니 낙랑 등 한 군현과도 다투다.

근초고왕은 남으로 마한을 통합하여 영산강 유역까지 편입시키고, 북으로는 고구려의 평양성 전투에서 고구려 고국원왕을 전사시키는 승리를 거두며, 중국 양과 교류하는 등 국력이 강해지다.

근초고왕은 중국, 백제, 가야, 왜를 연결하는 해상교역로를 확보하고, 특히 동진과 국교를 맺으며 요서에 진출하는 한편 일본의 규슈와 교류하는 등 대외활동이 활발하다. 왕권을 강화하여 부자 상속의 왕위 계승이 확립되다.

근초고왕 때 왜에 사신으로 건너간 아직기가 태자의 스승이 되고, 근구수왕 때 박사 왕인은 한문, 논어, 천자문을 가르치다.

침류왕 대에 와서는 동진으로부터 온 인도 승려 마라난타를 예로써 맞이하고 불교를 공인하다. 이러한 불교 공인은 확대된 영토와 강화된 왕권을 지지하는 고대국가의 이데올로기를 확립하여 보편적 세계관을 형성하다.

고구려 광개토대왕이 신라를 끌어들이고 아신왕의 백제를 공격하니 백제는 58성 700촌을 점령당하고 왕제(王弟)와 대신(大臣) 10여 명이 인질로 잡혀가다. 이에 아신은 왜국에 태자 진지를 보내는 등 우호관계를 펼치면서 국력을 회복한 뒤 고구려와 우호적이던 신라 변방을 공격하기도 하다.

그러나 개로왕 때 강력한 고구려 장수왕에게 침공당해 개로왕이 전사하고 한강 유역의 위례성도 빼앗기다.

이에 백제 문주왕은 공주 웅진성으로 수도를 옮기고, 맏아들 삼근왕(삼걸왕)이 어린 나이로 단명하자 동성왕이 즉위하니, 문주왕의 동생 곤지(昆支)의 아들 동성왕은 고구려에 맞서 동쪽의 신라 소지왕의 친족 이벌찬 비지의 딸을 아내로 맞는 등 결혼동맹을 맺고, 고구려의 남하정책에 맞서 싸워서 한강을 회복하다. 또 사씨, 연씨, 백씨 등 신진 지방 세력들을 등용해 기존 한성 세력과 균형을 맞추다.

지나치게 성장한 신진세력을 견제하던 동성왕이 위사좌평[4] 백가의 계략에 의해 죽임을 당한 후, 무령왕이 왕위를 계승하니 키가 크고 잘생기며 성격이 관대한지라. 백가의 난을 평정하고 힘을 길러 고구려를 선제공격하기도 하고, 가야를 공격하여 섬진강 일대의 영토를 확보하다.

백제 성왕(聖王)은 무령왕의 아들로 과격하나 식견이 출중한 임금으로 불가의 전륜(轉輪)성왕을 자처하다. 중국의 남조 양나라와 교류하여 영동대장군백제사마왕(寧東大將軍百濟斯麻王)[5]의 작호를 받기도 하고 일본 게이타이 천황에게 동경[6]을 하사하는가 하면, 오경박사 단양이와 고안무를 왜에 보내어 문화를 전파하다.

이어서 성왕은 무령왕대에 이루어진 안정 기반을 바탕으로 백제 중흥과 왕권 강화를 위해 금강과 넓은 평야가 있는 부여 사비성으로 천도하다.

성왕은 신라·가야군과 연합군을 형성하고 고구려에 대한 공격을 단행하여 마침내 한강 하류를 차지하고 신라는 한강상류를 점령하다.

그러나 신라 진흥왕은 중국과 직접 교류하기 위한 거점을 확보하기 위해 고구려와 결탁한 후 그간의 나제동맹의 약속을 깨고 한강 하류 유역을 침탈하다.

이에 격분한 성왕은 원로대신들의 반대에도 왕자와 함께 신라를 공격하니 우세하던 초기 전황과 달리 관산성 전투에서 신라군에 포위당한 아들 창(위덕왕)을 구하다가 복병에 의해 사로잡혀 전사하고 3만여 병력을 잃다.

위덕왕이 위기를 극복한 후 왕흥사를 창건하는 등 왕권을 강화하고, 왕위를 승계한 법왕이 왕흥사를 국가적 사찰로 격을 높이는 등 왕권을 강화하다가 단명하다.

귀족들이 '몰락된 왕족' 출신 무왕을 옹립하다. 소년 시절 익산에 머물던 무왕은 신라 진평왕의 딸 선화공주를 사랑하여 서동요를 짓고 신라왕을 도발하여 결국 결혼한다는 로맨스를 만들다. 무왕이 익산을 경영하며 왕권을 강화하고 미륵사를 창건하는 등 힘을 키우며 익산으로 천도하려다가 귀족들의 반대로 이루지 못하다.

무왕을 이은 의자왕 대에 신라를 더욱 공격하기도 하나, 백제는 의자왕의 타락과 음란, 궁중의 부패 등으로 쇠약해지다.

결정적으로 중국 당나라 소정방의 13만 대군과 신라 김유신의 5만 등 연합군에 의해 운명의 황산벌 전투에서 계백이 이끄는 5천의 결사대가 패배하므로 나라가 운명을 다하다.

양직공도 속 백제 사신

백제는 개성있고 다양한 문화를 형성하다. 위례 한성시대에는 석촌동에 고구려적인 대규모 적석총을 구축하고, 웅진 및 사비로 천도하면서부터는 중국의 남조문화를 받아들여 세련되고 우아한 문화를 이루다.

중국의 새로운 문물과 교류하면서 백제화하고, 다시 왜나 가야에 전수하여 고대 동아시아 공유문화권을 형성하는 데 중심에 서다.

백제의 부흥을 외치며 복신, 도침, 흑치상지, 정무, 지수신 등이 주류성과 일조성 등에서 군사를 일으키다.

무왕의 조카 복신은 승려 도침과 더불어 임존성을 공격해 소정방의 군대를 물리치므로 200여 성이 호응하다. 승려 도침이 웅진강 전투에서 패배한 반면 복신의 군대는 두량윤성(청양) 전투에서 신라 대군을 격파하다. 이후 복신과 도침이 전략거점을 임존성에서 주류성(전북 부안)으로 옮긴 후 의자왕의 아들 풍(豊)이 왜에서 귀국하자 왕으로 옹립하다.

그러나 복신과 도침이 분열하며 도침이 죽고 복신이 권력을 잡은 뒤 왜에서 귀국한 풍왕을 암살하려다가 오히려 풍에 의해 죽임을 당하다.

풍은 왜에 군사 요청을 하니 왜도 수군을 지원하여 백강과 주류성에서 전투하는 등 3년여간 치열한 부흥운동을 전개하다가 백강구전투(白江口戰鬪)[7]에서 크게 패배한 후 풍왕이 고구려로 망명하다.

> '(나·당 연합군이) 백강으로 가서 육군과 모여서 동시에 주류성[8]으로 가다가 백강 어귀에서 왜국 군사를 만나 네 번 싸워서 다 이기고 그들의 배 사백 척을 불태우니 연기와 불꽃이 하늘을 찌르고 바닷물이 붉어지다.'
> - 《삼국사기》

백제의 무장 지수신도 임존성에서 나당 연합군에 끝까지 저항하다가, 이미 당나라 장군으로 임명된 백제 출신 흑치상지, 사타상여의 배신으로 임존성이 함락당하자 고구려로 망명하니, 이로써 3년여에 걸친 부흥전쟁이 끝나다.

한강의 최종 주인은 동남쪽의 패권국 신라

한반도 동남쪽에서 일어난 신라는 진한의 소국 중 하나인 사로국이라. 박씨(고조선 유민, 서라벌), 석씨(해양세력, 토함산), 김씨(제철세력, 계림)의 세력들이 합류한 연맹왕국이 되다.

경주 일대에서 우물 옆 수풀 속에서 울던 백마가 낳은 알에서 태어난 박씨(박혁거세)가 건국하고 거서간[9]이 되다. 역시 남해 차차웅의 시기에 배의 궤짝에 있던 알에서 태어난 석씨(석탈해), 또한 탈해 이사금의 시기에 금빛 작은 궤짝 아래 흰 닭이 울고 있고 그 궤짝 안에 있던 어린아이 김씨(김알지)가 나타나니 이 박, 석, 김의 세력들이 합류하여 진한의 맹주국이 되다.

박혁거세(거서간), 남해(차차웅, 박혁거세의 아들), 유리(이사금, 남해왕의 아들), 석탈해(이사금) 순으로 왕이 되다가 17대에 김씨 계보인 내물(이사금 → 마립간)이 왕이 되면서 왕권이 강화되다.

내물 이사금이 활발한 정복 활동으로 진한지역을 장악하고 왕권을 강화하면서 김씨의 왕위세습권을 확립하고 왕의 칭호를 이사금에서 마립간으로 바꾸다.

이 당시 가야가 왜와 연합하여 쳐들어오자 신라는 고구려 광개토대왕의 도움을 얻어 물리치다. 결국 이때부터 고구려가 신라를 간섭하는 빌미를 제공하다.

한동안 고구려의 간섭을 받던 신라는 나·제 동맹을 맺어 고구려의 영향력에서 벗어나려 하다.

지증왕 때에는 왕권을 강화하면서 왕으로 칭하고 국호도 신라로 정하며 전국의 주, 군, 현을 정비하다. 이때 신라장군 이사부가 독도가 속해있는 우산국(울릉도)을 정벌하다.

법흥왕이 지증왕에 이어 변화와 개혁을 주도하다. 법흥왕은 불교를 받아들이기 거부하던 귀족들의 반대에도 불구하고 이차돈의 순교를 계기로 불교를 공인하다. 이차돈은 불교를 받아들이기 위해 스스로 죽음을 자청하니, 목에서 흰 피가 솟구쳐 모두가 감화하므로 이에 왕이 단호하게 불교를 공인하다.

법흥왕은 병부 및 상대등(귀족 세력의 대표, 화백회의 의장) 제도를 설치하고, 율령을 반포하다. 김해의 금관가야를 병합하여 고급 제철 기술과 철 산지를 확보하다.

뒤를 이은 진흥왕이 영토를 넓혀가면서, 백제 성왕과 동맹하여 고구려를 밀어내나, 진흥왕이 동맹을 깨고 다시 성왕을 물리친 후 한강 하류 지역까지 차지하다.

신라 눌지왕과 백제 비유왕 이후 120여 년 지속되던 나·제 동맹이 깨지며 백제 성왕과 신라 진흥왕이 관산성에서 한판 승부를 벌이다. 성왕이 궁지에 빠진 아들 창(위덕왕)을 구하려다가 신라의 매복에 걸려 죽임을 당하고 크게 패배함으로 한강 유역은 오롯이 신라에게 돌아가다.

신라는 고령의 대가야를 병합하고, 북으로 함경도 지방까지 영토를 넓히다. 황초령, 마운령과 북한산(이상 순수비), 한강 중상류 지역인 충북 단양(적성비), 대가야를 물리친 창녕(척경비) 등 점령지 곳곳에 승전비를 세우다.

진흥왕은 청소년으로 화랑도를 구성하고, 다시 국가적인 조직으로 개편하여 인재를 육성하다.

    화랑도는 인재를 찾아 등용하는 제도로서

반가사유상, 각각 삼국시대 5세기, 6세기, 국립중앙박물관

'현명한 재상과 충성스러운 신하가 화랑에서 선발되고 뛰어난 장수와 용감한 병사가 이에서 나오다.'
-《삼국사기》

'화랑'과 화랑이 이끄는 '낭도'는 원광의 세속 5계[º]를 받들며, 강한 의리로 맺어져 계층 간 대립과 갈등을 완화하다.

신라 주도의 나·당 연합과 통일전쟁

진흥왕은 새로 차지한 한강을 거점으로 중국 당항성(경기 화성)과 교류하다. 고구려 침략에 실패한 당이, 직접 찾아온 신라 김춘추(후에 태종무열왕)의 요청에 따라 신라와 연합하여 나·당 연합군을 결성하고 전쟁을 시작하니 우선 백제를 밀어내고 이어 고구려도 무너뜨리다.

백제는 지배층이 분열하여 나·당 연합군의 기습에 제대로 방어하지 못하다. 계백의 5천 결사대가 황산벌에서 끝까지 저항하나 결국 사비성이 함락되며 멸망하다.

고구려도 연이은 전쟁으로 많이 쇠하고, 연개소문 사후에 지배층 내부에 권력다툼이 일어나다. 이 기회에 나·당 연합군이 평양성을 함락하고 고구려를 멸망시키다.

고구려의 부흥 운동과 나·당 간 최후의 전투

고구려 유민이 부흥 운동을 일으키다. 한성(황해 재령)과 오골성(중국 요령성 단동시)을 거점으로 당에게 저항하나 지도층 내분으로 실패하고, 요동 여러 성에서 항전을 지속하다.

이에 당이 백제 옛땅에 웅진도독부, 신라에 계림도독부, 고구려 옛땅 평양에 안동도호부를 설치하여 지배를 꾀하다.

신라는 왜와 외교관계를 회복하고, 백제 및 고구려 유민과 함께 당과 전면전을 갖게 되고, 결국 매소성(경기 연천) 및 기벌포(충남 서천) 전투에서 결정적 승리를 거두다.

드디어 대동강 이남의 삼국통일이 완성되니 통일의 주역은 명군 문무왕이라. 문무왕은 태종무열왕 김춘추와 김유신 장군의 누이 문희(문명왕후)의 아들이자 신문왕의 아비로다. 비로소 나라가 안정을 찾고 신라를 신라답게 만들다.

문무왕은 동해안에 자주 침범하는 왜구를 부처의 힘으로 막고자 감은사를 세우기 시작하고, 지의법사를 통해 '내가 죽은 뒤에는 나라를 지키는 큰 용이 되어 불법을 숭상하고 나라를 지키고자 한다'고 유언하니 왕의 소망대로 경주 앞바다 대왕암에 해중릉을 세우다."

당의 장수 소정방이 당 고종의 질문에 답하니
'신라는 임금이 인자한 마음으로 백성을 사랑하고, 신하는 충성으로 임금을 섬기며, 아랫사람은 윗사람으로 아버지와 형처럼 섬기고 있으니 나라는 비록 작지만 도모할 수 없었습니다.'

문무왕이 죽기 전 삶을 회고하되,
'전쟁에서 산 자와 죽은 자에게 모두 상을 내리고, 내외의 관직과 작위를 골고루 나누어 주었으며, 무기를 녹여 농기구를 만들어 백성을 이수의 터전에 살게 하였다. 세금을 가볍게 하고 요역을 덜어 주니 집집마다 넉넉하게 되어 민생이 안정되고 국내에 근심이 없어졌다.'
-《삼국사기》

제4의 연맹국, 철의 본산 가야

3

가야연맹이 낙동강 유역에 자리 잡고, 철제 무기와 제품을 생산하다. 해상과 내륙을 잇는 중심지 김해의 금관가야가 연맹국가의 주도권을 잡다.

한반도 남쪽에 아도간 등 아홉 간(干, 추장)이 100호에 7만 5천 명을 거느리고 자리 잡고 있다가 구지봉(龜旨峰)에서 '하느님(皇天)이 내게 이곳에 가서 나라를 세우고 임금이 되라고 했다'는 소리가 들리고 또한 '거북아, 거북아, 머리를 내밀어라, 내밀지 않으면 구워 먹으리~라는 노래를 부르며 춤을 추면서 대왕을 맞이하라'고 명하니 아홉 간(干)들이 기뻐하며 노래하고 춤추니 하늘에서 자줏빛 줄이 드리워져 땅에 닿았고 줄 끝에 붉은 도자기에 쌓인 금합자(金合子)가 있어, 열어보니 해처럼 둥근 황금알 6개가 여섯 아이로 변해 그달 보름에 왕위에 오른 아이가 수로왕이고 나라 이름이 대가락 또는 가야국이고 나머지 다섯 아이도 다섯 가야의

가야 갑옷, 국립중앙박물관

임금이 되다.
-《삼국유사》가락국기

금관가야는 바다로는 낙랑, 왜의 규슈 지방과 중계무역을 하면서 가야의 중심 국가로 성장하다. 금관가야를 세운 김수로왕은 아유타국에서 온 황후를 맞이하고 아유타와 교류하다.

바다 서남쪽에서 붉은색 돛을 단 배가 붉은 기를 달고 북쪽으로 왔다. 배에 탄 소녀는 수로왕에게 '아유타국의 공주 허황옥이며 나이는 열여섯 살'이라면서 부왕과 모후의 꿈에 하느님(皇天)이 수로왕의 배필이 되라고 명해서 왔다'고 하여 수로왕이 혼인하다.
-《삼국유사》가락국기

왜구가 신라지역에 대대적으로 침입하니, 신라의 간청에 따라 광개토대왕이 바다 건너 남하하니 금관가야 지역으로 밀린 왜구를 퇴치하면서 결국 금관가야도 쇠락하므로 가야의 주도권이 고령의 대가야로 넘어가다.

신라의 법흥왕이 금관가야를, 진흥왕이 대가야를 귀속시키다.

삼국과 가야는 일찍부터 많은 사람이 왜에 건너가 선진문화를 전파하니 왜의 고대국가 성립을 돕고, 야마토국 중심으로 꽃핀 불교

가야 선박 토기, 국립김해박물관

문화, 즉 아스카 문화에 큰 영향을 주다.

가야는 또한 일본의 철기문화 발달에 영향을 주고, 가야 이주민들의 도질(陶質) 토기 기술로 말미암아 일본 스에키(須惠器) 토기가 탄생하다.

고구려의
정통성과 정신을 계승한
발해

고구려 멸망 이후 당이 평양에 안동도호부를 설치하고 유민(遺民)을 강제로 이주시키다가, 신라와의 전쟁에서 패한 후 안동도호부를 요동으로 옮기다. 고구려 유민들이 요동을 중심으로 부흥 운동을 일으키다.

당의 강압적인 지배에 맞서 거란인이 봉기하자 이를 틈 타 고구려의 옛 장수 대조영이 고구려 유민과 말갈인을 모아 동쪽으로 이동하다. 대조영은 당의 추격군을 천문령에서 물리치고 중국 길림성의 동모산에서 발해를 세우다.

    중국 《구당서》는 기술하기를
    '대조영은 본래 고구려의 별종(別種)이다. 고구려가 멸망하자 대조영은 무리를 이끌고 요동지역으로 이주하였다'

발해의 왕은 고구려를 계승하여 스스로 고려국왕이라 칭하다. 고구려인은 지배층에, 말갈인은 피지배층을 이루다.

> 발해는 일본에 국서를 보내며
> '우리는 고구려의 옛 땅을 수복하고 부여의 전통을 이어받았다'고 하면서, '고려', '고려국왕'이라는 표현을 자주 쓰다.

무왕이 대조영에 이어 영토를 확장하고, 고구려 옛땅을 회복하는데 주력하자 당은 흑수말갈과 신라를 이용하여 발해를 견제하다.

이에 무왕이 당시 동북아 최강의 국가인 당의 산동반도 등주를 선제공격하고, 요서 지방에서 당군과 격돌하다. 등주 자사(刺史) 위준까지 전사한 소식에 몹시 당황한 당 조정은 신라에 군사 지원을 요청하다. 이에 신라군 10만여 명이 발해를 공격하나 폭설과 추위로 대부분 얼어 죽고 물러나다. 무왕은 돌궐, 왜와 친교를 강화하여 당과 신라에 맞서며 동북아의 세력균형을 이루다.

문왕은 당과 화친하고 문물을 받아들였으며, 신라와도 사신을 교환하다. 독자적인 연호를 쓰고 황상(皇上)이라 칭하다.

선왕은 흑룡강 유역까지 경략하여 흑수말갈 세력을 대부분 복속시키고, 요동 및 연해주까지 진출하며, 남쪽으로 요동지방과 대동

발해 치미

발해 용머리

도문서 용정가는 길의 마패마을 24개돌 유적. 발해의 자취다

강 방면으로 병행 진출하여 신라와 국경을 맞대니, 처음 사방 2천 리였던 영토가 사방 5천 리까지에 이르다.

이로써 사방의 경계가 확정되고 5경, 15부, 62주가 완비되다. 발해의 수도 상경성은 매우 번성하고 규모가 당의 장안성에 비견되다. 이로부터 왕권이 강화되고 융성기를 맞으니 당나라 등 주변국에서 해동성국(海東盛國)이라 부르다.

어느 때인가 백두산이 폭발하여 화산재가 멀리 일본의 혼슈(本州)와 홋카이도까지 날아갈 지경이므로 융성하던 발해의 기운이 타격을 입다.

신라가 후삼국으로 분열되는 한편, 중국에서도 당나라가 멸망하고 5대 10국이 번갈아 일어나다. 이 틈을 타 북방에서 힘이 커가던 거란의 요나라가 남쪽 중원을 차지하기 위해 배후 세력인 서방 세력을 먼저 공략하고 이어서 동방의 발해에 침입하므로 귀족들의 내분을 겪던 발해가 무릎을 꿇다.

발해 유민이 200여 년간 후발해, 정안국, 연파국 등을 세우며 부흥 운동을 전개하고, 특히 발해 마지막 왕 대인선의 세자 대광현(大光顯)은 수많은 왕족과 유민을 이끌고 고려로 귀화하다.

태조 왕건은 그들을 후하게 대접하여 대광현에게 왕(王)씨 성과 계(繼)라는 이름을 하사하고, 종적(宗籍)의 반열에 들게 하다. 또 대광현은 원보의 벼슬을 받아 백주(白州, 황해도 배천)를 지키며 집안 제사를 받들다.

새로운 통일왕국, 통일신라

5

통일왕국이 자리잡고 불교가 흥왕하다

신라의 왕족을 대표하던 '왕족 간 혼인'으로 태어난 성골 출신 왕은 진덕여왕까지, 그 뒤는 처음으로 '왕족과 귀족의 혼인'으로 태어난 진골 출신인 무열왕계 김춘추가 잇다.

태종무열왕은 당나라와 연합하여 백제를 무너뜨리고, 그 뒤를 이은 문무왕은 우선 연합세력으로 고구려를 멸망시킨 다음 매소성(경기 연천) 및 기벌포(충남 서천) 등에서 당나라를 크게 물리치므로 대동강과 원산만을 잇는 국경선 이남의 영토를 확보하면서 삼국통일의 위업을 이루다.

문무왕을 이은 신문왕 즉위 후 장인인 상대등(화백회의 의장) 김흠돌이 난을 일으키니 신문왕이 왕권에 도전하는 귀족들을 대거 숙청하고 왕권을 강화하다.

신문왕은 개혁군주로서 관리들에게 주던 녹읍을 폐지하고 관료전으로 대체하다. 전국을 9주 5소경(小京, 작은 수도)으로, 군사제도는 9서당 10정으로 편성하면서 신라인뿐 아니라 고구려인과 백제인도 군제에 편입시키다. 관직에 진골 귀족 대신에 6두품 세력을 대거 등용하다. 유학을 장려하고 유교 교육기관인 국학(대학)을 설립하다.

경덕왕 대에 문화유산과 불교가 왕성하고, 김대성은 높은 안목으로 석굴암과 불국사를 창건하다.

태어나면서부터 총명하고 남달리 뛰어난 원효는 어린 나이에 태학에 입학하고 화랑으로 활동하다가 어머니 조씨의 죽음에 충격을 받고 삶과 죽음에 대해 오래 고민하다가 출가하여 승려가 되다.

원효는 의상과 함께 당 유학길에 당항성(경기도 화성) 근처의 한 무덤에서 잠이 드니, 잠결에 목이 말라 달게 마신 물이 다음 날 아침에 깨어나 다시 보니 해골바가지에 담긴 더러운 물이라. 급히 토하다가 삼계유심(三界唯心)¹의 원리, 일체유심조(一切唯心造)의 진리를 깨달아 유학을 포기하다.

원효는 모든 진리는 한마음에서 나온다는 일심사상, '중생의 마음이 부처의 마음과 다르지 않다'고 하는 교리를 만들다. 불교의

원효대사, 일본 교토 고산사

교리를 쉬운 노래로 만들어 부르며 백성 속으로 들어가는 아미타 신앙을 널리 전파하다.

이에 반해 진골 출신 의상은 당항성 근처에서 사형(師兄)인 원효와 헤어진 뒤 당나라로 들어가 지엄(至嚴, 중국 화엄종의 제2대 조사)의 문하에서 현수(賢首: 법장)와 같이 화엄의 깊은 이치를 깨닫고 화엄사상을 정립하다.

화엄 사상은 '모든 존재가 서로 의존하며 조화를 이룬다'는 것으로 '하나가 모든 것이요, 모든 것이 하나다.' 이 세계를 구성하는 모든 요소가 평등하다고 여기고 노비 '지통'과 빈민 '진정'을 제자로 받아들이며 백성을 가까이하다.

혜초는 인도와 서역을 돌아보고 여러 나라의 풍물을 기록한《왕오천축국전》을 남기다.

혼란의 바람, 위대한 해상왕 그리고 후삼국

무열왕계 직계 후손의 전제왕권 체제에서 한동안 안정과 번영을 누리던 신라는 무열왕계의 권력 독점에 불만을 품은 진골 귀족이 대대적인 반란을 일으키다.

그리하여 155년 동안 20명의 왕이 교체되는 혼란이 지속하다. 왕권은 약화되고 상대등(上大等, 최고의 관직, 화백회의 의장)의 힘은 다시 강해지다. 귀족들은 대농장을 차지하고 사병을 기르며 사치와 향락에 빠져들다.

통일신라 헌덕왕 때 태종무열왕의 후손인 진골귀족 김헌창이 자기 아비 김주원이 왕이 되지 못한 것에 불만을 품고 웅주(공주시)에서 난을 일으키다가 한 달 만에 진압당하다.

경덕왕 때 귀족 세력이 커지면서 녹읍이 부활하고 지방에 대한

통제력이 떨어지면서 나라 재정은 피폐해지다.

진성여왕 때 곳곳에 도적이 일어나다가 사벌주(경북 상주시)에서 원종과 애노의 농민반란이 일어나다.

신라 말에 6두품 출신의 도당(渡唐) 유학생이 많아지고 당의 과거 시험 중 외국인 전형인 빈공과(賓貢科)에 급제하는 사람이 많아지니, 신라로 돌아와 골품제(骨品制)의 모순을 심각하게 인식하다.

최치원은 불과 16세에 빈공과에 장원급제하고 당에서 〈토황소격문(討黃巢檄文)〉² 으로 문장가로서 이름을 날린 천재더라. 당에서 귀국하여 개혁안 10여 조를 건의하기도 하나 무위로다.

> 가을바람에 괴게 읊조리나니 세상에 날 알아주는 이 적구나. 창밖에는 밤 깊도록 비만 내리는데 등불 앞 마음은 만 리 밖을 내닫네.
> _ 최치원, '가을밤 빗속에서(秋夜雨中)'

6두품 지식인이 점차 이반하여 반신라 성향을 보이며 호족과 손잡고 새로운 세상을 꿈꾸다.

해상왕 장보고의 '위대한 항해' 시대

통일신라 후기의 무장이자 해상 호족 장보고는 청해진 대사(淸海鎭 大使)로서 바다의 신(海神)이라 불리던 영웅적 인물이다.

장보고는 어린 시절 친구 정년과 함께 당의 서주로 건너가 승마와 창술에 특출난 재능을 보이며 군인으로서 무령군중소장(武寧軍中小將)[3]의 직책을 받다.

흥덕왕 때에 신라로 돌아온 뒤 왕에게 이르기를 '신라인들이 해적에게 납치되어 노예로 팔리고 있다'는 참상을 전하며 군사 거점을 세워 이를 시정해 주도록 청하다.

왕의 승인을 얻은 장보고는 1만여 명의 군대를 확보한 뒤 완도에 청해진을 세우고 대사(大使)가 되다. 이로써 해상에서 주변국 해적을 소탕하므로 신라 노예를 매매하는 일이 사라지다.[4]

장보고는 해적 토벌에 더하여 해상권을 장악하여 당과 일본뿐 아니라 북쪽의 발해와 탐라, 우산국과 같은 신라 속국들 외에도 짬파(베트남 중부), 스리위자야(말레이지아), 라슈트라쿠타(인도 아대륙), 압바스 왕조(이슬람 제국) 등 남방 및 서역의 여러 나라[5]와 무역하는 등 중계무역으로 크게 확장해 나가다.

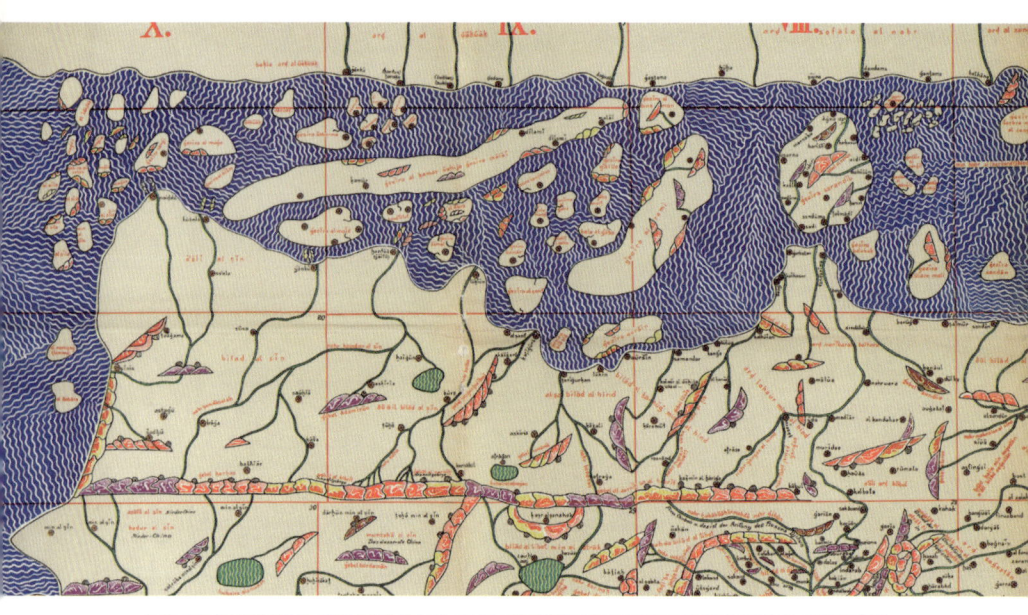

알 이드리시의 세계 지도 중 일부, 동경 180도 부분에 신라가 그려져 있다

장보고 대사는 신라인이 다수 거주한 산동성 문등현 적산촌에서 법화원의 건립, 운영을 적극 지원하니 상주하는 승려가 30명이 넘는 등 이 지역 신라인의 정신적인 중심에 서다.

당시에 신라인이 자주 드나들던 당의 산동반도와 양자강 하구에 신라인의 거주지인 신라방과 신라촌이 형성되고, 당나라 해안 곳곳에 설치한 자치기관인 신라소, 신라인이 당나라에 세운 절 신라원, 재당 신라인 숙박소 신라관 등도 들어서다.

당에 머무르며 구법행(求法行)을 하던 일본의 천태종 고승 엔닌(圓仁)은 당에 체재하는 동안 현지 신라인의 도움을 크게 얻은 바, 장보고에게 감사서한을 보내고 자신이 머물던 사찰 적산법화원을 본 따 천태종 사원인 적산선원(赤山禪院, 교토 북쪽 히에이산)의 건립을 시작하다.

그러나 장보고는 흥덕왕 사후 왕위 다툼에서 '희강왕(김제륭)에 패하고 피살'된 김균정의 아들 김우징이 청해진으로 피신해 오자 그를 숨겨주다. 김명이 스스로 민애왕으로 즉위하자 예전에 김균정의 편에 섰다가 패하고 달아난 적이 있는 김양의 반란에 참여하여 성공한 뒤에 김우징(신무왕)을 왕으로 추대하다. 이후 문성왕 때 귀족과 신하들의 질투와 견제로 인해 자객 염장에게 피살되다.

> 《신당서》 열전을 편찬한 송기는 국난의 시기에 의를 품고 국가의 우환을 먼저 생각한 사람으로서 진(晉)의 기해(祈奚)와 당의 곽분양, 그리고 장보고를 거론하면서 "어찌 동쪽에는 뛰어난 인물이 없다고 할 수 있겠는가"라고 칭송하다.

해상왕 장보고가 활동했던 이 시대야말로 우리나라가 해적소탕을 통한 해상권 장악, 안정된 기반을 가진 중계무역, 국제적인 불교 전파와 정신문화 등 해양강국의 화려한 꽃을 피웠던 위대한 시대라.

> 중세 이슬람 지리학자 알 이드리시는 '신라'라는 지명이 표기된 최초의 세계지도를 제작하고, 신라를 동방의 이상향으로 전하는 글을 쓰니
> '신라를 방문한 여행자는 누구나 정착해 다시 나오고 싶어하지 않는다. 그곳은 매우 풍족하고 이로운 것들이 많기 때문이다. 사람들은 개나 원숭이의 목줄도 금으로 만든다.'[6]라고 기록하다.

신라는 통일 전에 이미 서역과 교류하고, 통일 후에는 페르시아, 인도, 동남아시아 등과 비단길과 바닷길을 통한 교역이 늘어나다.

다시 후삼국, 최후의 주도권은 왕건에게

견훤은 후백제를, 궁예는 후고구려를 세우다.

신라말 최치원과 함께 '나말 3최'로 이름을 날린 최승우는 당에서 귀국하자마자 후백제의 신하가 되고, 최언위는 왕건의 신하가 되다.

궁예 밑에서 활약하던 왕건이 탁월한 리더십으로 세력을 통합하더니 새로운 왕조, '고려'를 세우고 후삼국을 통일하다.

강한 리더십과 통일정신으로 세운 고려

6

✦ **후삼국의
　　주인공이
　　되다**

　　후고구려를 세운 궁예가 미륵불을 자처하고 직관에 입각한 관심법(觀心法)으로 폭압정치를 하면서 새로운 세력으로 등장한 왕건이 왕으로 추대되다.

후백제 견훤이 신라를 치니 다급해진 신라 요청에 따라 왕건이 견훤과 맞서다가 패하다. 그럼에도 왕건은 신라의 호감을 얻다.

견훤이 고창(안동)에서 왕건에게 패하고 큰아들 신검에게 밀려나면서 왕건에게 투항하다. 신라의 경순왕도 왕건에게 통합을 요청하면서 결국 후삼국이 통일되다.

왕건은 유력호족들과 혼인정책을 펴서 호족세력을 안정시키고, 왕권을 강화하다. 성(姓)을 내리고, 역분전(役分田)¹을 나눠주며 서경 평양을 중심으로 옛 고구려 땅을 회복하려 하다. 수많은 부인과 자식들 때문에 발생할 수 있는 우환을 두려워하면서 《정계》와 《계백료서》를 남기고 후세의 왕에게는 〈훈요 10조〉를 남기다.

> 왕건은 불교를 숭상하고, 연등회와 팔관회를 중요하게 지키며, 절은 풍수에 따라 엄격하게 짓도록 하다. 장자 상속을 원칙으로 하되 그렇지 않을 경우 신망이 두터운 자를 추대하도록 하다. 중국의 제도와 풍속을 중시하되 같을 필요는 없음을 분명히 하고 거란의 풍속은 금하다. 서경을 중시하고 1년에 100일 이상 머물도록 하다.
>
> 신하의 충고를 중시하여 따르고, 백성은 때를 가려 부리고 세금을 가볍게 하다. 차현(車峴) 이남, 공주강 밖의 사람은 원한을 품고 난을 일으킬 수 있음을 경계하다.[2] 관료의 녹봉을 엄히 하고, 사사로이 관직을 주지 않도록 하다. 언제나 마음을 가다듬고 옛일을 거울 삼아 오늘을 경계하도록 하다.

태조는 호족들과의 혼인정책으로 25명의 아들을 두다. 장남인 혜종은 태봉 출신으로 왕건의 고려 창업과 통일 대업에 전공을 세운 굳센 무장 출신이나 2년 만에 석연치 않은 이유로 세상을 떠나고, 고려 출신의 첫 번째 군주 정종도 즉위 후 4년 만에 단명하다.

광종은 7년 동안 당의 오긍이 편찬한 당 태종의 어록 《정관정요》를 탐독하다. 억울하게 노비가 된 자들을 양민으로 돌리는 노비안

왕건 영정, 개성 왕건왕릉

검법을 시행하고 후주에서 귀화한 쌍기의 건의에 따라 호족을 견제하면서 인재를 널리 등용하고자 과거제를 시행하였으며 호족들의 반란을 진압하면서 적대세력을 숙청하다. 스스로를 황제라 칭하고, 왕권을 확립하다.

광종의 아들 경종은 전시과(田柴科)를 시행하였으나 단명하고, 사촌동생 성종이 즉위하다.

성종은 호족과의 관계를 회복하면서 유교를 강화하다. 한편 당대 최고의 유학자 최승로의 제안서 〈시무 28조〉에 따라 유교 정치이념을 바탕으로 중앙행정조직과 지방조직 등 국가시스템을 체계적으로 정비하고 호족들을 견제하면서 왕권을 강화하다. 이에 호족은 향리로 전환하다. 호족세력과 6두품 세력은 문벌이 되어 특권층이 되다.

'예악·사서의 가르침과 군신·부자의 도리는 마땅히 중국을 본받아 고쳐야 되겠지만, 그밖의 거마·의복 제도는 그 지방의 풍속대로 하여 사치함과 검소함을 알맞게 할 것이며, 일부러 중국의 것과 같이할 필요가 없습니다.'
-《고려사절요》, 최승로의 〈시무 28조〉

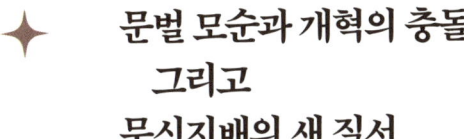
문벌 모순과 개혁의 충돌
    그리고
무신지배의 새 질서

인종 때 외조부이자 장인인 경원이씨 이자겸이 권력을 독점하다가 스스로 왕이 되기 위하여 척준경과 함께 난을 일으키다. 그러나 이자겸은 인종에게 포섭된 척준경에 의해 제거되고 척준경도 탄핵되다.

집권세력이던 보수 문벌이 여진의 금을 사대(事大)하고자 하였으나 신진세력이자 서경파인 승려 묘청, 문신 정지상은 사대를 반대하고 서경천도를 주장[3]하다가 군사를 일으키다. 이에 보수 문벌인 개경파 김부식이 진압하다. 신진세력 묘청의 개혁정신이 막힌 형국이 되며 국력이 쇠하다.

단재 신채호는 일제 강점기에 민족정신을 강조하며 묘청의 난을 주목하니

'서경 전투는 곧 낭·불(郞·佛) 양가 대 유가(儒家)의 싸움이며, 국풍파 대 한학파의 싸움이며, 진취사상 대 보수 사상의 싸움이니 묘청이 전자의 대표요, 김부식은 곧 후자의 대표라. 이 전쟁에서 묘청 등이 패하고 김부식이 승리하므로 조선 역사가 시대적, 보수적, 속박적인 유교사상에 정복되었으니, 이 전쟁을 어찌 조선역사상 일천년래 제일대사건이라 하지 아니하랴.'
– 신채호, 《조선사 연구초》

무신세력이 집권하며 정중부, 이의방, 경대승, 천민 출신 이의민이 집권하다가, 이어 최충헌의 최씨 무신정권이 최우, 최항, 최의 등 4대에 걸쳐 이어지다. 최충헌은 자기 집에서 정세를 돌보는 도방정치를 하고, 정권을 이어받은 최우는 정방을 두어 권력을 휘두르다.

명종 때의 젊은 경대승은 '아비가 남긴 막대한 재산을 나라에 바친' 그릇이 크다고 알려진 자라. 경대승을 도운 허승과 김광립이 정중부와 아들 정균, 사위 송유인을 폐하였으나, 정작 경대승은 뜻도 펼치기 전에 서른 살 어린 나이에 병사하다.

무신이 집권하던 시기에 '동북면 병마사 김보당의 난', '귀양 간 의종의 반기', '중흥사 중(僧侶) 이천여 명', '서경유수 조위총' 등이 난을 일으키다. '김사미와 효심의 난'이 이어지다.

최충헌을 이은 최우 때 몽골이 침략하고 도방과 삼별초가 군사적 기반이 되다. 공주 명학소에서 '망이·망소이의 난'이 일어나고, 신분해방을 외치며 '노비 만적의 난'이 잇다.[4]

> 최충헌의 노비 만적 등 6명은 북산에 가서 나무를 하다가 노비들을 모아놓고
> '우리나라에는 무신의 난 이래 고관대작이 천민에서 많이 나왔다. 왕후장상의 씨가 따로 있는가! …… 최충헌과 주인들을 죽이고 노비 문서를 불태워 이 땅의 천민을 없애면 우리도 왕후장상이 될 수 있다.'
> -《고려사》

거란의 침입과
　　고려의
지혜

　　　　태조 왕건이 '발해와의 동맹의 약속을 배신하고 발해를 멸망시킨' 거란을 혐오한지라, 거란이 선물로 보낸 낙타를 만부교 아래에 굶겨 죽이고 그 뜻을 〈훈요 10조〉[5]에 남기다.

> '10월에 거란 사신이 낙타 50필을 가지고 왔다. 태조가 "거란은 일찍이 발해와 동맹을 맺고 있다가 갑자기 의심을 품어 약속을 배신하고 그 나라를 멸망시켰다. 이처럼 도리 없는 나라와는 친선 관계를 맺을 수 없다."라고 말하였다. 드디어 국교를 단절하고 그 사신 30명은 섬으로 귀양을 보냈으며, 낙타는 만부교 아래에 매어 두었더니 모두가 굶어 죽었다.'
> - 《고려사》

고려 전기 국제정세는 농경 민족인 고려와 송이 북방 민족인 거란, 여진 등과 대결하는 형국이라.

성종 대에 거란이 군사를 보내 압박하였으나 담대한 서희가 소손녕과 담판하여 송과의 관계를 끊기로 약속하고 오히려 한반도 서북쪽 강동 6주를 얻다. 거란과 여진의 갈등관계를 이용하여 거란과의 우호를 약속하고 여진이 점거한 땅을 얻어낸 빛나는 협상 결과다.

> 거란의 장수 소손녕이
> '그대 나라는 신라 땅에서 일어났고, 고구려 땅은 우리 땅인데 쳐들어와 차지하였다'고 언급하자
> 서희는
> '우리는 고구려를 계승하여 나라 이름을 고려라 하였다. 땅의 경계를 논한다면 그대 나라의 동경도 다 우리 땅이라.'
> -《고려사》

고려가 송과 교류하고 거란에 사대(事大)하지 않자, 거란이 침입하였으나 영웅 김취려 장군과 조충 등이 막아내고, 강동 6주 중 전략적 요충지 귀주에서 영웅 강감찬 장군이 빛나는 승리를 거둠으로 거란, 송, 고려의 삼각 균형을 만들다.

이에 고려는 압록강에서 동해안으로 잇는 천리장성(압록강-도련포)을 다시 쌓다. 이는 당을 막기 위해 연개소문이 쌓았던 요동지역의 천리장성(부여성-비사성)에 이은 두 번째 천리장성이라.

✦ 여진의 흥망 속에서

한편 여진은 본시 만주에 살던 퉁구스 계통의 말갈족으로, 고려와 충돌이 잦다가 부족을 통일하고 국경을 침범하니, 윤관 장군이 기병 특수부대 별무반을 만들어 여진을 몰아내면서 동북 9성을 세우다. 그러나 수비가 어렵고 여진이 조공을 약속하며 9성의 반환을 지속 요청하므로 1년 만에 돌려주다.

더욱 강성해진 여진은 금을 세우고 거란의 요를 멸망시키다.

금은 송을 남쪽으로 밀어내고 고려와 군신 관계를 요구하니 대부분의 신하가 반대하나 당시 집권자이던 이자겸과 척준경의 주장에 따라 이를 수용하므로 북진 정책이 심각한 타격을 입다.

이후에 금은 몽골에 의해 망하고 후금이 섰다가 청으로 이름을 바꾸다.

몽골의 침입과 자주 저항정신

무신정권 최우 때에 몽골 사신 저고여가 고려에 왔다가 죽임을 당한 사건 이후 이를 구실로 몽골은 살리타를 대장으로 침입하여 고려를 굴복시키고 각지에 다루가치를 두다.

최우가 궁을 강화로 옮기고 저항 태세를 갖추자 2차 침입을 하다. 그러나 살리타는 용인 처인성에서 승장 김윤후의 활에 의해 전사하다.

고려는 강화도를 기반으로 대항하였으나 결국 몽골의 원(元)나라와 강화하다.

배중손, 김통정, 노영희 등이 삼별초를 결성하고 왕족인 승화후 온(承化侯 溫)을 옹립한 뒤 강화로부터 이동하여 진도, 남해, 거제도, 제주도 등 30여 섬을 지배하는 해상세력을 형성하고, 민중의 지지 속에 강한 자주정신으로 3년 동안 저항하다.

원(元)은 고려의 지원을 받아 '신의가 두텁고 그릇이 큰' 문무겸비의 명장 김방경 등과 함께 삼별초를 제압하고 지배를 강화하다.

여·원의 일본정벌, 김방경의 족적

충렬왕 즉위년에 원의 일본 정벌욕에 따라 결성된 여·원(麗·元) 연합군이 일본을 공격하였고, 쓰시마 및 아키섬을 접수한 후 일본 본토인 규슈(九州) 하카타만을 침공하면서 명장 김방경이 지대한 공을 세우다.

원의 장수 혼도가 김방경의 공로를 질투하므로 다가온 태풍에 대비하여 일단 상륙을 주장한 김방경을 무시한 탓에 소위 가미가제라 불리던 태풍에 의해 큰 피해를 입은 결과 정벌전이 실패하다.

충렬왕의 지원으로 2차 정벌에 오른 여·원 연합군은 14만 군사에 4천 4백여 선박의 대함대임에도 불구 역시 태풍에 의해 큰 피해를 입고 정벌전의 막을 내리다.

7차례나 침입한 몽골은 고려 사회에 큰 피해를 입히고, 대륙의 지배세력이 우리 역사와 민족에게 심각한 악영향을 미친 대표적 사례가 되다.

✦ 새로워져 돌아온 공민왕의 개혁 바람

개혁 군주 공민왕은 노국대장(魯國大長: 사후에 원에서 내린 시호. 이름은 보탑실리) 공주와 결혼하여 원 황제의 사위가 되어 고려에 돌아오다. 공주는 국내 기반이 미약한 공민왕의 정치운영을 지지하고, 조일신의 난이나 김용의 시해음모 사건에서 왕의 목숨까지 지켜준 강단있고 사랑스런 존재로다.

공민왕은 즉위한 이후 원나라 순제의 황후가 된 기황후(奇皇后)를 등에 업은 친정오빠 기철(奇轍) 등 친원 세력을 숙청하고, 호칭과 관제를 복구하는 등 왕권을 강화하다.

'공민왕이 어느 날 행성으로 가서 황제의 생일을 축하하려고 하였다. 기철이 임금과 말을 나란히 하며 이야기하려고 하자, 왕이 호위군사를 시켜 앞뒤로 갈라놓고 곁에 오지 못하게 하였다.'
-《고려사》

공민왕은 영토회복과 국권회복에 앞장선지라. 이인임으로 하여금 신흥국 명나라와 협력하여 요동지역의 원을 공격한 후 원이 설치한 쌍성총관부(함경남도 영흥)를 폐하였으며, 또한 이성계로 하여금 동녕부(서경을 포함한 서북면 일대, 자비령 이북)를 치게 하고 오라산성(동녕부)을 점령하다.

공민왕은 사랑하던 노국공주가 난산 끝에 사망하자 급격히 평정심을 잃고 방황하다. 이후 승려 신돈에게 정사를 맡기니 처음에는 전민변정도감(田民辨整都監)을 설치하여 권문세가들이 강탈한 토지를 원주인에게 돌려주는 등 개혁정치를 하다.

> '신돈은 득도하여 욕심이 없으며 미천하여서 친척도 없으니, 대사로 임명하면 반드시 정실에 구애되지 않고 일을 마음먹은 뜻대로 할 수 있을 것이라 인정하고, 드디어 일개 무명 승려인 그를 발탁하여 국정을 위임하고 의심하지 않았다.'
> -《고려사》

시간이 흐르니 왕의 절대적 신임을 얻은 신돈이 개혁의 기조를 넘어 음양설에 의한 천도(遷都)를 주장하는가 하면, 절제심이 사라지고 안하무인이 되므로 최영 등 대부분의 인사들이 신돈을 탄핵하고 공민왕도 결국 인정하므로 역모죄로 처형하다.

공민왕은 미소년 집단 자제위와 가까이하면서 불안한 상태로 실정(失政)을 거듭하다. 신돈의 비첩 반야로부터 아들을 얻으니 우왕이라. 공민왕이 자제력을 잃고 문란하다가 최만생, 홍윤 등에게 시해당하다.

고려말 공민왕 때, 원에 사신으로 갔던 문익점이 누명으로 억류되어 있다가 붓 뚜껑에 목화씨를 들여와 장인 정천익과 함께 솜을 생산하여 보급하고 원나라에 유학한 홍원스님의 도움으로 무명옷을 전파하다. 문익점의 손자 문래가 물레를 발명하다.

원·명 교체기에 나타난 신흥 무인세력 발흥

중국의 원·명 교체기에 홍건적과 왜구가 침입하자 이성계와 최영 등 신흥 무인 세력이 부상하다. 함경도 호족 이자춘의 아들 이성계는 샛별처럼 나타나 전설의 명장으로 급부상하다.

압록강을 건너 고려에 침입한 홍건적이 함경도 의주, 정주 등지를 차례로 점령해 오고, 황해도와 평안도의 해안지대를 노략질하다가 개경까지 접수하다.

공민왕의 명을 받은 총사령관 정세운은 이방실, 안우, 김득배 등과 함께 개경을 회복하고, 이성계는 적장인 사유, 관선생 등의 목을 베면서 큰 공을 세우다.

그러나 정세운은 정적 김용의 음모로 목숨을 잃고, 교활한 김용은 오라비 기철의 몰락에 분개하던 기황후와 내통하여 자주정책을 펼친 공민왕을 폐(廢)하려 하다가 최영 장군에 의해 실패하니 곧 흥왕사의 난이라.

이어 이성계와 최영은 최유가 원나라군 1만 명과 합세하여 일으킨 반란도 제압하면서 큰 명망을 얻다.

또 우왕을 옹립하였으나, 이성계와 최영을 시기하던 이인임이 공민왕 사후에 권력을 사유화하고 남용하자 최영과 이성계는 우왕을 설득하여 이인임과 그 측근 임견미, 염흥방을 제거하다.

우왕 때 대규모의 왜구가 전라, 경상, 충청 삼남 지방을 중심으로 노략질을 자행하다. 이에 화약을 제조하고 화통도감 책임자로 있던 최무선이 화약과 대포로 왜구 선단을 크게 파괴하고, 이어진 황산 전투에서 활의 명장 이성계가 왜장 아기발도를 죽이는 등 왜구를 퇴치하면서 큰 공을 세우다.

고려조에
   빛난 위대한 종교와
정신문화

고려 중기에 문종의 아들 대각국사 의천이 송나라 유학 후에 화엄종을 중심으로 교종을 통합하고 해동천태종을 창시하여 부흥시켰으며 흥왕사에서 대장경을 간행하다.

의천은 불교 통합운동을 하면서
'교리를 배우는 이는 마음을 버리고 외적인 것을 구하는 일이 많고, 참선하는 사람은 밖의 인연을 잊고 내적으로 밝히기를 좋아한다. 이는 다 편벽된 집착이고 양 극단에 치우친 것이다.'
-《대각국사문집》

고려 후기 무신정권 시절 보조국사 지눌이 선종 중심으로 불교통합을 위해 노력하고 조계종을 정립하다.

지눌은 승려 본연의 자세로 돌아가 독경과 참선, 노동에 고루 힘

써야한다는 개혁운동을 하면서

'하루는 같이 공부하는 열 명의 사람과 약속하다. 마땅히 명예와 이익을 버리고 산림에 은둔하여 같은 모임을 맺자. 항상 선을 익히고 지혜를 고르는데 힘쓰고, 예불하고 경전을 읽으며 힘들여 일하는 것에 이르기까지 각자 맡은 바 임무에 따라 경영한다.'
-《권수정혜결사문》

지눌에 이어 원나라 유학파 태고 보우(북한산 태고사)와 인도 지공 법사[6]의 제자인 나옹스님[7]이 조계종을 심화하다. 지눌의 제자 진각국사 혜심은 유불(儒佛) 일치를 주장하면서 성리학 수용의 사상적 토대를 만들다.

청산은 나를 보고 말없이 살라 하고
창공은 나를 보고 티없이 살라 하네.
노여움도 내려놓고 아쉬움도 내려놓고
물같이 바람같이 살다가 가라 하네.
- 나옹선사

고려 초, 김부식이 객관적 사실에 입각하여《삼국사기》를 펴고, 신라의 박혁거세 신화를 담다. 한편 100년 뒤인 원 간섭기 충렬왕 때에 승과 출신 국사 일연이 운문사 주지를 마치고《삼국유사》

청자 원앙뚜껑향로, 고려 12세기, 아타카컬렉션

황비창천이 새겨진 항해도 무늬 거울,
국립중앙박물관

은제 도금 사리감, 국립중앙박물관

를 쓰다. 일연의《삼국유사》와 이승휴의《제왕운기》등이 자주적 입장에서 고조선의 건국 시기인 단군 시대를 포함시키다.

거란이 쳐들어오니 부처의 힘에 의존하는 염원을 담아 초조대장경을 만들다. 무신정권 때 몽골이 침입하고 초조대장경이 소실되자 최우의 주장을 받아들인 고종에 의해 다시 한번 위대한 팔만대장경을 제작해내다.

해동공자 최충은 총리 격인 문하시중을 마치고 9재 학당을 세우니 잇따라 많은 사학이 융성하여 국자감과 함께 인재 등용의 축을 이루다.

충렬왕을 따라 원나라에 유학한 대학자 안향이 성리학을 도입하여 주자와 공자를 알리다. 역시 세자의 몸으로 원나라에 다녀온 충선왕과 더불어 이제현, 백이정이 성리학을 널리 전파하고 과거를 통해 등용된 이색, 정몽주, 이숭인, 정도전, 권근, 길재 등 신진 사대부 세력이 학문적 기초를 마련하다.

송나라 자기의 영향을 받아 도공들이 독자적인 비색 청자를 만들어내니 고려청자는 고려예술의 꽃이 되다.

새로운 개혁정신, 조선이 서다

7

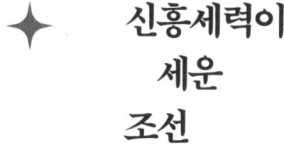
신흥세력이 세운 조선

명(明)나라¹ 사신 채빈이 제주 말을 가지고 돌아가다가 호송하던 김의에게 죽임을 당하고 김의는 달아나다. 이에 분노한 명이 공민왕 살해사건을 책망하는 한편 공민왕 때 수복하여 다스리던 철령 이북의 땅을 요구하는 등 굴욕적 외교관계가 발생하자 최영이 과감하게 명의 전략거점 요동 정벌을 단행하다.

그러나 이성계와 신진사대부는 신흥국 명과의 외교 갈등과 충돌을 우려하며, '농사철에 백성의 원망이 심하고, 심각한 장마에 질병으로 인한 병력의 손실 등'으로 전쟁이 더 이상 불가하다는 명분으로 위화도에서 회군하고 집권하다.

이성계 등 신흥세력은 우왕을 폐위시키고, 주류 세력인 최영을 제거한 후 권력을 장악, 여덟 살의 어린 나이로 즉위한 창왕을 '우왕과 모의해 이성계를 암살하려 했다'는 사건으로 다시 폐위시키다.

일월오봉도. 조선시대 어좌의 뒷편에 놓여 있었다

신흥세력에 의해 군주로 옹립된 공양왕이 정몽주 등과 함께 조준, 정도전 등을 유배 보내는 등 왕권을 강화하려 하다가 오히려 측근 정몽주는 죽임을 당하고 자신은 폐위되다. 정안대군 이방원(태종)은 고려 왕실에 충성하는 정몽주를 포용하는 데 실패하고 선죽교에서 죽게하다.

이성계가 이방원 등 측근의 강한 지원하에 조준, 정도전 등 신진사대부와 함께 새로운 나라 조선을 세우다.

> 《태조실록》은 이성계의 조선 건국에 대해 기록하되,
> '이성계는 덕이 있는 자에게 왕위를 물려준다는 명분을 중시하고 신중한 성격이라. 배극렴 등이 서서 신하와 함께 왕위에 오르기를 권고하자 이르기를
> "예로부터 제왕은 천명(天命)이 있지 않으면 되지 않는다. 나는 실로 덕이 없는 사람인데 어찌 감히 이를 감당하겠는가" 하되, 신하들이 거듭 권고하니 마침내 태조가 마지못하여 대전에 들어가 왕위에 오르다.'
> -《태조실록》

'조선'의 성립은 고구려, 백제, 신라를 계승한다는 유민의식(遺民意識)을 넘어 단군과 고조선을 우리 역사의 기원으로 삼는 통합적 정통성에 대한 인식 위에서 이루어지다.

고려시대에 조정에서 기자와 동명왕에게만 제사를 지내던 것을 조선 예조의 관리가 민족의 시조인 단군에 대해 언급하기를

'조선의 단군은 동방에서 처음으로 천명을 받은 임금이고, 기자는 처음으로 교화를 일으킨 임금입니다. 평양부로 하여금 때에 맞추어 제사를 지내도록 하소서.'
- 《태조실록》

이방원의 거친 집권, 그러나 안정된 치세

신진사대부가 개혁을 추진하며 급진적인 정도전이 주도권을 잡고 요동을 정벌할 계획을 세우기도 하고, 공신과 왕자들이 사적으로 보유한 사병을 혁파하려다가 갈등하기도 하다.

태조와 함께 조선 건국을 주도한 정도전은 자신이 생각하는 정치 체제를 정리하면서 그중 절대권력인 임금을 보좌하는 재상의 역할을 피력하니
'임금의 자질에는 어리석은 자질도 있고 현명한 자질도 있으며, 강력한 자질도 있고 유약한 자질도 있어서 한결같지 않으니, 재상은 임금의 좋은 점은 따르고 나쁜 점은 바로 잡으며, 옳은 일은 받들고 옳지 않은 일은 막아서, 임금으로 하여금 가장 올바른 경지에 들게 해야 한다.'
– 정도전, 《조선경국전》

이성계의 다섯째 아들 정안대군 이방원이 세력을 잡고 두 차례 왕자의 난에서 세자로 책봉된 막내아들 방석과, 왕위를 획책하던 넷째 아들 방간을 차례로 없애다.

이방원이 정적(政敵)이자 재상정치를 주도하던 정도전, 남은 등을 제거하고, 둘째 아들 정종의 양위를 받아 왕위에 오르니 곧 태종이라.

태종은 백성의 억울한 사정을 호소하게 하는 신문고, 새로운 인구 제도인 호패법, 어지러운 불교 정비 등을 통해 민심을 훌륭히 아우르다.

왕자 간의 권력투쟁을 불편해하던 태상왕 이성계가 방원의 왕위 계승을 못마땅해하다가, 태종의 훌륭한 치세를 지켜보던 무학대사의 설득으로 태종을 인정하게 되어 결국 정통성의 상징인 옥새를 건네다.

태종이 왕권을 강화하여 재상이 중심이 되는 의정부를 약화시키고 6조 직계제를 실시하다.

이방원이 피의 숙청을 통해 정국을 안정시킨 후 지혜의 왕 세종이 왕위를 물려받다.

위대한 지혜의 왕 세종의 치세와 이후 정세

세종은 태종의 셋째아들이라. 태종은 영민한 셋째 충녕에게 왕위를 물려주다. 태종이 살아 있는 동안 군사권을 가지고 대마도 정벌 등 세종의 안정된 치세를 돕다.

세종은 궁 안에 집현전을 설치하여 정1품의 영전사(영집현전사領集賢殿事의 약칭)를 두고 대제학, 제학을 두었으며 엄격히 선발된 선비 학자들과 토론하며 정책을 만들다. 집현전을 통해 정인지, 신숙주, 설순, 강희안, 안지, 강희맹, 최항, 권제, 성삼문, 박팽년, 유성원, 허위지, 이개 등 빼어난 학자들이 배출되다.

세종의 가장 빛나는 업적으로 성삼문과 신숙주 등 집현전 학사들을 중심으로 우리 글자 훈민정음을 창제, 반포하고 널리 전파하다. 이 과정에서 음과 운에 대해 요동에 귀양을 와 있던 명나라 대학자 황찬의 도움을 얻다. 이후 한글로 용비어천가를 짓게 하고 과거

시험에도 훈민정음 문제를 내게 하는 등 실용적 전파에 힘쓰다.

집현전에서는 《효행록》, 《삼강행실도》, 《의방유취》, 《국조오례의》 등 수많은 서적을 편찬해 내니 그 업적이 위대하다.

세종은 특히 천문(《간의》), 역법(《칠정산》), 의학(《향약집성방》), 농업(《농사직설》) 등 자주적·실용적인 연구를 주도하다.

또 세종은 태종 때 만들어진 계미자에 이어 갑인자 등 새 활자를 만들어 사용케 하고, 박연으로 하여금 송나라 음악과는 다른 우리 음악을 위해 악학도감에서 악률과 악기 편경도감을 만들게 하다.

과학적 소양도 출중한 세종은 과학기술인들을 발탁하니 이들이 훌륭한 발자취를 남기다. 관노 출신 장영실을 과감하게 등용하여 간의, 혼천의, 앙부일귀, 자격루, 소간의, 측우기 등 수많은 천문기기가 탄생하다. 재능이 많은 장영실은 금속활자의 꽃 갑인자 제작에도 참여하다.

이천도 뛰어난 천문기구를 제작하고 갑인자 제작을 주도하며, 화약 무기 개발, 악기 개량, 도량형 표준화 등 탁월한 업적을 남기다.

이순지가 천문 역법 사업을 주관하고, 중국과 서역의 천문학을 연구해 독자적인 역법서인 《칠정산》을 편찬하다.

공평한 정의에도 관심이 많던 세종은 의금부에서도 재판을 세 번 받게하는 금부삼복법(禁府三覆法)[2]을 시행하게 하고, 곤장을 치지 못하게 하며, 노비를 함부로 벌하지 못하게 하는 등 사법제도를 개혁하다.

세종은 전국적인 여론조사를 실시해 조세제도를 개편하니 곧 전분 6등법[3]과 연분 9등법[4]이 시행되다. 백성의 의견을 수렴해 보다 나은 제도를 만들려는 세종의 노력은 유교적 통치이념과 애민정신의 발로라.

> 세종이 관리의 부정을 막고 백성의 부담을 덜어주기 위해 명하되 '서울과 지방의 벼슬아치는 물론이고 일반 백성에게도 그 가부를 물어서 아뢰어라'고 하니 약 17만 명의 의견을 물어 세법을 보완해서 전분 6등법과 연분 9등법을 만들다.
> -《세종실록》

왜구가 비인현(충남 서천)에 침략하여 노략질하니 상왕 태종이 직접 지휘하여 이종무, 유정현으로 하여금 왜구 창궐의 본거지인 대마도를 공격하여 배 130척을 불사르는 등 압도적 승리를 거두며 정벌하다.

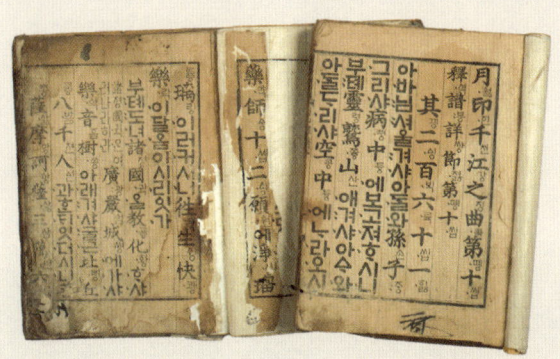

한글 금속활자, 15세기

월인석보 권9,10, 한국민족문화대백과사전

이후 세종은 대마도주의 간청에 따라 변효문, 신숙주로 하여금 대마도주 소(宗)와 계해약조를 맺게 하고, 대마도와의 무역을 허용하며 삼포를 개항하다. 곧 울산의 염포, 부산 동래의 부산포, 진해의 제포에서 무역을 허락하다.

그러나 왜는 수시로 해안에서 해적으로 변신하기도 하고, 삼포에서 소란을 피우기도 하다.

그 외에도 사이암(태국), 자바(인도네시아)와의 무역 교류도 이루어지다.

동북방면 국경지대에 야인(여진족)이 약탈을 심하게 하니 호랑이 장군 김종서로 하여금 북쪽 두만강 유역을 평정케 하고 6진(종성, 회령, 경원, 경흥, 온성, 부령)을 설치하다.

세종은 이 새로운 지역에 우리 남부지방 백성들을 옮겨 살게 하니, 우선은 함길도 지방의 백성들이, 다음엔 충청, 경상, 강원, 전라도 지방의 백성들을 옮겨 살게 하다.

한편 태종 때부터 정복하기 시작하던 압록강 상류 남쪽 여진에 대해 최윤덕, 이각, 이정석 등으로 하여금 마무리 정벌케하고 4군(우예, 여연, 무창, 자성)을 설치하다.

이로써 압록강, 두만강의 안쪽이 우리 땅으로 확정되는 중대한 이정표를 만들다.

지혜로운 왕 세종은 생전에 '영의정까지 지낸 청백리' 황희를 옆에 두고 깊이 신뢰하다. 고불 맹사성, 유관과 같은 뛰어난 청백리 재상들의 전성기라.

세조의 불편한 승계과정 그러나 빼어난 치세

세종은 후계 구도를 고심하여, 신임하던 백두산 호랑이 김종서와 황보인 외에도 집현전 학사 출신 신숙주, 성삼문 등으로 하여금 왕세손(후에 문종)을 보필케 하였으나 어질고 학문을 좋아하던 문종은 왕위에 오른 지 2년 만에 세상을 떠나다.

이에 단종이 열두 살 어린 나이에 왕위를 이어받았으나 호걸형의 야심많은 세종의 둘째 아들 수양대군이 그 동생 안평대군 역모사건[5]을 기획하여 김종서, 황보인 등을 제거하고 겁에 질려있던 단종마저 폐한 뒤 왕위에 오르니 곧 세조라. 한명회, 권남 등 급진파 신진사대부가 세조의 정변을 도왔으니 곧 계유정난이다.

이미 충분히 권력을 잡은 세조는 단종의 복위를 꾀하던 성삼문, 박팽년, 이개, 하위지, 유성원, 유응부(이상 사육신이라 칭하다)를 제거하고, 함길도 절제사 이징옥의 난(단종 원년), 함길도 길주땅 세력가 이시애의 난(세조 13년)을 진압하다.

세조는 통찰력과 능력이 탁월한 사람으로 태조 이래의 법령을 정비하여 《경국대전》을 편찬하고, 군사편제를 오위[6]로 개편하며, 호적제도를 정비하는 호패법, 곡식을 사고팔면서 물가조절기능을 하는 상평창, 현직 벼슬아치에게만 논을 주는 직전법[7] 등을 시행하다. 농사에도 힘을 써 누에치기와 목축에도 힘을 쓰다.

왕권을 견제하는 삼사(三司)로서, 간쟁 기능의 사간원, 부정과 비리를 다스리는 사헌부, 자문기관 홍문관이 정립하다.

성종의 선정(善政),
　후대 승계 뒤편에
　허무한 권력다툼

　　　　세조를 이어 예종이 즉위 후 1년여 만에 병사하고 13세의 자산군이 왕위에 오르니 곧 성종이다. 정희대비가 7년간 섭정하고 권력을 성종에게 넘겨주니, 성종은 어리지만 지혜롭고 어진 임금이라.

정희대비의 섭정기간 동안 저자세로 일관하며 때를 기다리던 성종은 친정이 시작되자 태종과 세조에 의해 숙청된 사림파를 중용한 후 훈구파를 견제하다.

억불숭유(抑佛崇儒) 정책을 추진하여 대부분의 사찰을 폐지하고, 경연(經筵)[8]을 되살리며,《경국대전》을 완성, 반포하여 조선 유교정치의 틀을 닦다. 이후 성리학적 통치 규범을 지키고 왕도정치를 구현하다.

성종의 치세는 세종과 세조가 이룬 치적들을 바탕으로 빛나는 문화정책을 펴나가므로 문화의 황금기라 불리다.《경국대전》을 비롯하여《대전속록》,《동국여지승람》,《동국통감》,《동문선》등 다양한 서적을 편찬, 간행하다.

기존의 틀을 깨어 문신 중에서 탁월한 학자를 선발하여 직무를 쉬면서 글을 읽고 학문을 닦던 호당제도(湖堂制度, 독서당제도)를 실시하고, 문서나 관리하고 책을 보관하던 홍문관을 활성화하여 세조 때 폐지된 집현전과 비슷한 역할을 하는 '공부하는 곳'으로 바꾸다.

궁중과 권력을 둘러싼 악순환의 굴레

성종이 사랑하던 중전 윤씨가 '후궁, 인수대비 및 내시 등'의 모략으로 폐비가 되어 죽음에 이르니 이후 큰 정쟁의 화근이 되다.

성종을 이은 연산군은 폐비 윤씨의 소실로, 성품이 거칠고 난폭한 기질을 가진 임금이라.

그의 때에 춘추관의 사관 김일손이 스승 김종직의 〈조의제문(弔義帝文, 초나라 의제를 폐한 항우를 빗댄 글)〉을《성종실록》에 포함시키니 세조의 찬위를 비판한 것으로 여겨지는 내용이다. 이 정황을 우연히 알게 된 훈구의 유자광 등은 오래전부터 김종직에게 원한이 있던 차에 악의적으로 폭로, 공격하므로 결국 김일손 등 많은 학자들이 죽거나 귀양을 가게 되니 곧 무오사화(연산군4)다.

이 참화는 경륜과 균형감이 부족한 연산군 때 권력에서 소외되어 있던 유자광[9]이 패권을 잡고자 역시 같은 사초(史草, 사기의 초고, 성종실록)에 (이극돈) 자신의 그릇된 행실이 올라가게 된 이극돈을 부추기어 관행상 임금도 접근 못 하던 사초의 내용을 드러내게 함으로 결국 사림을 무참히 공격하게 된 어이없는 큰 사건이다.

한편, 탐욕스러운 대신 임사홍과 왕의 연인 장녹수의 공조와 폭로로 밝혀진 '연산군 어미 폐비 윤씨의 죽음'에 대해 연산군이 과도하게 복수하다. 이는 임사홍, 신수근 등의 패권욕과 연산군의 한풀이 끝에 만들어진 사건으로 훈구는 물론 사림도 상당한 피해를 보게 되니, 곧 갑자사화(연산군10)다.

성종을 계승한 연산군이 거친 성품으로 한글 박해는 물론 원각사와 성균관을 놀이터로 만드는 등 국정을 문란케 하여 원성이 높고 민심이 떠난 차였다. 배다른 동생(진성대군)이 성희안, 박원종, 유순정 등 훈구세력의 힘을 입어 연산군과 임사홍, 신수근 등을 몰아내고 왕위에 오르니 곧 중종이라.

젊고 영민한 중종은 무오 및 갑자사화로 화를 입은 사람들의 명예를 회복시키고, 사림파를 등용하여 새로운 기풍을 일으키려 젊은 학자 조광조 외에도 김안국, 김정, 김식 등을 등용하다.

중종의 신임을 얻은 조광조는 현량과를 통해 지방의 실력파 사림을 중앙으로 끌어 올리고, 태조 이후 '하늘과 별에 제사를 지내는 도교적 풍습'을 관장하는 소격서(昭格署)를 혁파하며, 훈구세력[10]의 위훈을 삭제하는 등 급진적으로 개혁을 이끌다.

그러나 이를 못마땅하게 생각하던 남곤, 심정, 홍경주 등 훈구파가 '주초위왕(走肖爲王, 조광조의 반역을 암시)'이라는 조작적 음모와 정치공세를 통해 조광조 등 신진세력이 실각, 죽음을 맞으니 곧 기묘사화(중종 14)다.

> 조광조가 유배된 전남 화순에 세워진 비문에는 송시열이 남긴 사모 글이 있으니
> '아, 이곳은 정암 조선생(조광조)이 귀양살이를 하던 집이고 또 생을 마친 곳이다. 아. 지난 기묘년은 지금으로부터 149년이나 되는데, 학사, 대부는 그 학문을 사모하고 백성은 그 혜택을 생각하되, 세월이 오랠수록 더욱 잊지 못하고……'
> -《송자대전》

중종이 승하하고 인종이 즉위하자 임금이 아직 경륜이 부족한 때에 외척인 대윤 윤임[11]이 득세하면서 사림의 명사인 이언적, 유관, 성세창 등을 등용하다. 당시 뜻을 얻지 못하던 자들은 소윤 윤원형[12], 윤원로의 밑에서 사림과 반목하면서 반격의 기회를 엿보다.

어진 정치를 폈으나 태생부터 몸이 허약하던 인종이 재위 8개월 만에 승하하고 열두 살 어린 명종이 즉위하자 문정왕후가 수렴청정하면서 소윤 윤원형 일파와 함께 대윤 윤임 일파를 역모로 몰아 제거하니 을사사화라 부르다. 표면으로는 윤씨 외척 간의 싸움이나 사림파에 대한 훈구파의 공격이다.

의적 임꺽정의 신화적 행보

조정이 어지러울 때 경기도 양주 출신 임꺽정(林巨正)이 황해, 경기 지방에서 일어나 뜻이 같은 사람들을 모아 '부잣집 재물을 빼앗아 가난한 백성들에게 나누어 주어' 백성이 좋아하니 곧 의적의 칭호를 얻다.

조정이 관군으로 하여금 이 사태를 적극 막으려던 차에 임꺽정의 측근 서림이 서울에 왔다가 관군에게 붙잡혀 본거지의 소재를 밝히니 결국 3년 만에 황해도 구월산을 거쳐 재령 땅에서 잡히면서 마무리되다.

성리학의 빛나는 별 퇴계와 율곡

성리학은 우주의 원리와 인간의 심성을 성찰하는 이기론(理氣論)을 중심으로 발달하다.

서경덕은 '현상세계를 떠난 진리는 존재할 수 없다'는 입장에서 이(理)보다는 기(氣)를 중심으로 세계를 설명하다. 반면 이언적은 이(理)를 중심으로 도덕적 세계관을 이론적으로 체계화하다.

당시 권력간 정쟁 속에서도 퇴계 이황은 정통적인 주자의 학문을 연구하여 발전시킨 대학자라. 이(理)는 우주만물의 근원이 되는 이치로써 기(氣)의 활동근거가 되어 사단(四端)[13]으로 표출되고 기는 만물을 구성하는 재료로서 칠정(七情)[14]으로 나타난다고 하면서 이(理)의 세계를 중심으로 한 이기이원론(理氣二元論)을 강조하다. 을사사화 후 은퇴하여 고향 안동에 도산서원을 세우고 가르침을 베풀다. 류성룡, 김성일, 정구 등이 그 제자로서 영남학파가 형성되다.

이황은 《성학십도》,《심경석의》,《주자서절요》 등을 집필하였는데, 주자의 학설을 조선의 현실에 맞게 체계화하다. 그의 가르침은 일본에까지 전파되어 에도막부 정권의 정치이념에 강한 영향을 끼치다.

율곡 이이는 《동호문답》과 《성학집요》를 저술하고, 이(理)와 기(氣)를 통일적으로 이해하면서도 현실세계를 구성하는 기(氣)를 중시하는 이기일원론(理氣一元論)을 펼치다.

현실적이고 개혁적인 성향이 강한 그의 사상은 조헌과 김장생 등으로 이어져 기호학파가 형성되다.

이이는 사회적 모순을 극복하기 위해 류성룡과 함께 대공수미법(代貢收米法, 전국의 모든 공납을 쌀로 대신 수납하게 하는 제도)의 실시, 향약[15]의 전국적 확대 등 다양한 개혁방안을 제시하다.

도산서원

✦ 신뢰성 없는 왜구의
   빈번한 문란과
   다스림

이미 세종대왕이 이종무 장군으로 하여금 왜구 창궐의 본거지인 대마도를 정벌케 한 바 있으나, 이후 왜의 간청을 받아들여 대마도와의 무역을 허용하며, 울산의 염포, 부산 동래의 부산포, 진해의 제포에서 무역을 허락하다.

그럼에도 시간이 흐를수록 왜인이 약속을 어기는가 하면, 왜인 거류민의 수가 급격히 증가하면서 조정의 명령을 어기는 일이 빈번해지다.

중종 때에 삼포의 왜인들이 대마도 왜인들과 합세하여 폭동을 일으키고 진해의 제포와 부산포를 함락시키기까지 하니 곧 삼포왜란이다. 얼마 후에도 재차 소요사건을 일으키니 을묘왜변이다.

이에 중종의 단호한 명을 받은 경상좌도 방어사 황형이 경상우도 병마사 유담년의 지원을 받아 삼포의 왜인들을 소거하고 교역을 중단시키다.

이후 일본의 아시카가 막부[16]가 흉년을 이유로 수차 간청하니 다시 한번 임신조약을 맺고 내이포(제포)를 개항하다.

열등감 많은 선조
　　전후의 권력투쟁과
　타락의 끝

　　　　　명종의 아들 순회세자가 요절하면서 명종이 후사 없이 승하하자 배다른 형제의 조카인 어린 하성군[17]을 명종과 인순왕후의 양자로 삼고 왕위를 계승시키니 이가 곧 선조라. 조선왕조 처음으로 적통이 아닌 방계혈통이자 후궁 출신의 서자로 보위에 오른 탓에 열등감이 깊이 잠재하다.

선조 즉위 후 숙모이자 법적 어머니인 인순왕후가 수렴청정했지만, 어린 나이임에도 정치력이 우수하여 무난히 조정을 이끌기 시작하다.

인사권을 가진 이조전랑 자리를 놓고 다툼이 생긴 지라. 이조전랑은 권력의 향배에 중요한 영향을 주는 관직이다. 한양 동쪽에 살아서 동인이라 불린 김효원이 이조전랑에 추천되자, 한양 서쪽에 살아서 서인이라 불린 노장파 사림이자 이조 참의 심의겸이 반대하면서 갈등이 일어나다. 그럼에도 김효원은 7년 후 이조전랑이 되었는데, 다시 몇 년 후 심의겸의 아우 심충겸이 전랑에 추천되자 이제는 김효원이 반대하면서[18] 갈등이 심화하다.

심의겸은 실제로는 사림을 보호하고 인재를 위해 힘을 아끼지 않아서 존경을 받던 인물이요, 김효원도 김종직의 학문을 이어받고 사림의 유능한 사람을 많이 발탁한 인재라. 이 두 사람의 불행한 악연으로 인해 당파싸움이 심화되고 동인 김효원[19] 주위에는 주로 영남학자들이, 서인 심의겸[20] 주위에는 나이 든 사대부들이 포진하다.

서인이면서 이이, 성혼의 문인이던 전주 출신 정여립이 이이가 정쟁에서 불리해지자 동인으로 당색(黨色)을 바꾸면서 선조가 이를 불쾌히 여기니 고향으로 내려가서 반란의 뜻을 품다.

서인이던 정철이 앞장서 '개혁성 많은 정여립이 만든 대동계'를 모반사건으로 몰아 정여립과 함께 동인세력을 처벌하다.

당시 강경파 서인이던 대사헌 정철의 탄핵에 이어 동인세력을 몰아내려는 상소가 잇따라 동인들이 큰 해를 당했으니 곧 기축옥사라.

허나 서인의 리더인 정철이 류성룡과 상의하여 선조의 셋째 부인

공빈 김씨의 아들 광해군의 세자 책봉을 건의하다. 내심 넷째 부인 인빈 김씨 소생인 신성군에게 마음이 기울어져 있었던 선조의 미움을 받아 정철은 귀양가고 서인이 축출되니 이른바 건저의(建儲議, 다음 왕이 될 왕세자를 세우기 위한 논의) 사건이다.

동인들은 다시 서인을 엄하게 다스리자는 이산해 등 북인, 적당히 하자는 류성룡 등 남인으로 나눠져 서로 다투다.

율곡 이이의 통찰과 철학

덕수 이씨 율곡 이이는 어머니 신사임당 아래에서 훌륭한 교육을 받고, 아홉 차례 과거시험에서 연속 장원급제하여 구도장원공(九度壯元公)이라는 별칭을 얻고 훗날 이조판서에 이르다. 천재로서 통찰력이 뛰어난 성리학자이자 정치가다.

당쟁이 현실화되자 동인과 서인 사이의 당쟁 조정을 평생의 정치 이념을 삼고 많은 애를 썼으나 결국 두 당파로부터 미움을 사다.

'현실과 원리의 조화'와 시세를 알아서 옳게 처리해야 한다는 '실공(實功) 및 실효성(實效性)'을 강조하면서 이기일원론(理氣一元論) 철학사상을 펼치다.

《동호문답》, 〈만언봉사〉, 〈시무육조〉 등을 통해 조선 사회제도의 제도개혁을 주장하고, 공납의 폐단 시정책인 대공수미법(代貢收米法)을 건의하며, 병조판서 시절 여진족 니탕개의 침입을 격파한 후 임진왜란을 예견하여 10만 양병설을 주장하나 추상적인 한계를 보이며 주목받지 못하다.

결국 그는 동인의 공격을 받아 벼슬을 떠나다. 성혼, 송익필, 김장생 등과 함께 기호지역이 기반인 서인의 종주로 추앙되다.

시련을 넘어 부는
개혁의
새 바람

8

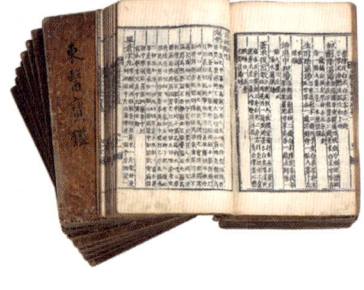

7년 전쟁과
　　위대한 영웅의
탄생

왜구에 의해 크고 작은 소요가 지속되다가 중종 대에 삼포왜란, 중종~명종 대에 사량진왜변이 일어나고 명종 대에 을묘왜변이 잇따랐으나 중앙의 당파다툼은 계속되다.

일본을 통일한 신흥세력 도요토미 히데요시의 조선 및 명에 대한 침략 의지는 더해가다.

일본의 도요토미가 임진년에 명을 친다는 명분을 내걸고 화승총(火繩銃, 鳥銃)과 화승총포대를 앞세워 조선을 침공하니 7년 전쟁의 시작이라.

도요토미의 막후 지휘 아래 가토 기요마사(加藤淸正), 고니시 유키나가(小西行長) 등 정예부대가 파죽지세로 무찔러 올라가다. 개전 초에 부산성의 정발, 경상좌수사 박홍, 동래성의 송상현 등이 전사하다.

선조가 이일을 순변사, 신립을 도순변사로 삼아 왜군을 막고자 했으나 처참하게 당하다.

개전 20여 일 만에 믿었던 신립마저 충주 탄금대에서 패하자 선조는 그제서야 서둘러 광해군을 세자로 책봉한 뒤 궁궐을 버리고 평양으로 피하던 중 조정을 둘로 나누는 분조(分朝)를 행하다. 선조는 또다시 국경지역 의주로 피신하여 명에 망명을 요청하다가 거절당하다.

> 선조의 요동 도주 미수의 전말은 이러하니, 명으로부터 사실상 망명 거절을 받은 당시 상황에 대해 실록에 이르기를
> '명나라에서 우리나라가 내부(內附)를 청한 자문을 본 뒤 우리나라를 관전보의 빈 관아에 거처시키려 한다는 소식을 듣고는 상이 드디어 의주에 오래 머물 계획을 하다.'
>
> 명 황실의 답신을 보면 명에서 사실상 거절한 정황이니
> '원하면 100명까지 관전보 수요, 구원병은 보냄'
>
> 그 거절의 배경에 대해서 명의 병부가 황명을 첨부해 요동도사(遼東都司)에 보낸 자문에 적힌 바가 이러하니,

'조선이 대대로 동방에서 왕위를 누려 대국으로 일컬어졌는데 어찌하여 왜가 한번 쳐들어오자 멀리서 보기만 하고는 달아났는가. 놀랍고 이상스럽다.'
-《선조실록》

서애 류성룡이 이 당시 처참한 전쟁 상황을 말하다.

'선조 26년 10월, 국왕의 행차가 서울로 돌아왔으나 성안은 타다 남은 건물 잔해와 시체로 가득하다. 굶주림에 시달린 사람들은 인육을 먹기도 하고, 외방에는 곳곳에서 도적들이 일어나다.'
- 류성룡,《서애집》

이 위기의 시대에 오직 여수 주재 전라좌수사이던 이순신이 영웅적 승리로 구원의 등불이 되다.

옥포, 합포, 적진포(1차 출전), 사천, 당포, 당항포, 율포(2차 출전)에서 연이어 대승을 거두며 해안을 장악하고 왜군의 보급로를 차단하면서 전세를 급변시키다.

옥포, 한산도 등에서 위대한 신무기 철갑 거북선이 돌격선으로서 대승의 주역이 되다.

이순신 장군은 이억기 등과 함께 '새가 날개 접듯이 휘감아 공격을 퍼붓는' 학익진을 펼쳐 한산도 전투를 위대한 승리로 이끌며 해상권 장악은 물론 전라도 곡창지대를 지켜내다.

한산도, 안골포 해전(3차 출전), 장림포, 환준구미, 다대포, 서평포, 절영도, 초량목, 부산포 해전(4차 출전), 웅포 해전(5차), 2차 웅포(6차), 2차 당항포(7차), 1차 장문포, 영등포, 2차 장문포(8차) 2차 부산포(9차), 어란포, 벽파진, 명량 해전(10차, 백의종군 이후) 등에서 큰 승리를 거둠으로 왜군의 숨통인 보급로를 차단하는 데 결정적으로 기여하다.

지혜로운 영웅 이순신은 싸움마다 완벽한 준비, 강력한 리더십과 신묘막측한 전략 전술의 적용으로 승리를 거두다. 돌격적인 거북선의 주도적 전개, 판옥선 구조를 활용한 천자포·지자포·현자포·황자포·호준포 등의 대포 사용, 승자·총통·신포 등 여러 포탄 사용, 당파전술(撞破戰術, 아군의 배로 적선을 들이받아 파괴)을 사용하여 연전연승의 신화를 이루다.

각 지방에서 유생, 농민, 승려들이 의연히 일어나 의병을 조직하고 헌신적으로 전투를 벌이다.

충청에서 일어난 조헌, 경상의 홍의장군 곽재우, 전라의 고경명,

수원의 김천일, 함경의 정문부, 이외에도 사명대사 유정과 서산 대사 휴정은 의병으로서 위대한 활약을 하며 왜군에게 큰 타격을 입히다.

전세를 재평가한 명이 우선 조승훈과 사유를 필두로 7천 지원군을 보내왔으나 패배하자, 다시 어렵게 이여송과 4만의 지원군을 보내오다. 이여송 군은 이양포, 사금포, 호준포 등 우월한 대포를 장착하고 전쟁에 임하다.

이여송의 2차 지원군이 조선군과 연합하여 평양을 탈환하고, 개성도 회복시켰으나 경솔한 전진 끝에 한양 벽제 싸움에서 매복군에 당하다.

강하고 열정적인 리더십을 가진 권율이 행주산성에서 여인들까지 힘을 합하여 단결되고 희생적인 조력을 바탕으로 화살과 돌멩이 공격으로 3만의 왜군을 기적처럼 물리치자 드디어 일본이 한양을 포기하고 경상으로 물러나다.

치밀하고 냉정한 진주판관 김시민은 훌륭한 전술 운용과 피리까지 동원한 심리전으로 큰 승리를 이끌었으나 계속된 기습공격으로 결국 죽음을 맞이하다. 그러나 다행히 의병의 지원으로 대승을 거두니 곧 진주대첩이라.

다음 해 4만의 왜군이 재차 공격하여 진주성이 함락하다. 전북 장수 출신 의로운 관기(官妓) 논개는 적장 게타니와 함께 촉석루 가파른 절벽에서 남강으로 뛰어드는 희생을 통해 그 여성상과 정신이 오래도록 기억되다.

임진년 전쟁이 일어난 후 5년 뒤인 정유년에 왜군이 다시 침략하고 이순신을 마뜩잖아하던 선조와 조정이 왜적의 첩자 요시라를 통해 고니시 유키나가(小西行長)의 뜻이라 하며 가토 기요마사(加藤淸正)에 관한 거짓 정보를 전하다. 이에 이순신이 선조의 지시에 응하지 않자 결국 이순신이 파직당하는 반간계(反間計)가 이루어지다. 당시 전라도 병사 원균은 이순신의 수군 전략을 비난하는 장계를 올리는데 이는 이순신을 실각시키는 확실한 구실이 되다.

> 당시 선조실록이 이 당시의 상황을 기록하되,
> 선조가 부산 앞바다로 출동하여 가토를 대비하라고 명령하나 이순신은 '유인작전에 걸려들 위험이 있다'고 하면서 견내량 전선을 유지하며 신중을 유지하니, 선조는 이순신에 대해 '편안히 누워서 어떻게 해야 할지조차 모르고 있다'고 폄하하다. 이에 윤두수는 '이순신은 왜적을 두려워하는 게 아니라 싸우기를 싫어한다'고 하면서 '정운의 죽음도 이러한 기질 때문'이라고 비난하다. 상황을 모르던 조정 대신들조차 죽은 정운과 정적인 원균을 칭찬하며 이순신 탄핵에 가세하다.

이순신이 파직된 죄목은 크게 세 가지로
'첫째, 조정을 속이고 임금을 업신여긴 죄, 둘째, 적을 쫓아 치지 아니하여 나라를 등진 죄, 셋째, 남의 공을 가로채고 남을 죄로 빠뜨린 한없이 방자하고 거리낌이 없는 죄'라 하며[1] 선조는 '법으로 보아 용서할 수 없는 죄인이므로 죽어 마땅하다'고 하며 '스스로 잘못했다는 말이 나오도록 국문하라'고 지시하다.

이순신을 실각시키는 데 구실이 된 원균의 장계는 이러하니
'신이 사졸에 앞장서서 일거에 섬멸하려 합니다. 조선의 위무는 오로지 수군에 달려있습니다. 원하건대 조정에서 수군으로써 바다 밖에서 맞아 공격해 적으로 하여금 상륙하지 못하게 한다면 반드시 걱정이 없게 될 것입니다. 이는 신이 쉬이 말하는 것이 아니라 전에 바다를 지키고 있어서 이런 일을 잘 알기에 이제 감히 잠자코 있을 수 없어 우러러 아룁니다.'
-《선조실록》

이순신이 선조의 분노에 휘말려 삼도수군통제사 관직을 박탈당하고 참수당할 위기에 처하자 체찰사 이원익은 우의정 정탁[2]과 도원수 권율과 합세하여 이순신을 적극 변호하여 겨우 목숨을 건지다.

선조가 이순신을 숙청하고 마음에 둔 원균을 새로이 삼도수군통

통영 지도. 가운데 삼도수군통제사영의 건물인 세병관이 보인다. 규장각

제사에 임명하다. 원균은 자신이 이순신을 탄핵한 작전 전략(수군 단독 작전)에 반하는 태도로 전환하자, 도찰사 권율이 원균을 체벌에 처하다. 원균이 이에 흥분하여 부대를 지휘하다가 칠천량 단 한 번의 전투에서 160여 척의 판옥선과 수군을 거의 모두 잃고 숨지다.

'권율은 "원균이 직접 바다에 내려가지 않고 적을 두려워하여 지체하였다" 하여 전령을 발하여 곤양으로 불렀다. 11일에 권율이 곤양에 도착하자 원균이 명령을 받고 이르렀다. 권율이 곤장을 치면서 말하기를 "국가에서 너에게 높은 벼슬을 준 것이 어찌 한갓 편안히 부귀를 누리라 한 것이냐? 임금의 은혜를 저버렸으니 너의 죄는 용서받을 수 없는 것이다"라 하고 곧 도로 보내었다. 이날 밤에 원균이 한산도에 이르러 유방(留防)하는 군사를 있는 대로 거느리고 부산으로 향하였다.'
- 《난중잡록》

'원균은 물러나와 거제 칠천도에 도착했는데 권율이 고성에 있다가 원균이 아무런 전과도 올리지 못했다며 격서를 보내 원균을 불러와서 곤장을 치고 다시 나가 싸우라고 독촉했다. 원균은 군중으로 돌아오자 더욱 화가 나서 술을 마시고 취해 누웠는데 여러 장수들이 원균을 보고 군사 일을 의논하고자 했으나 만날 수 없었다. 그날 깊은 밤 왜선이 습격해오니 군이 크게 무너졌다. 원균은 달아

나 바닷가에 이르러 배를 버리고 해안에 올랐다.'
-《징비록》

이에 백의종군하던 이순신이 천신만고 끝에 삼도수군통제사에 복직되어 12척 잔존선을 바탕으로 최소한의 전투력을 겨우 회복한 후 어란포, 벽파진 해전을 거쳐 울돌목(명량해전, 10차 출전)에서 세계 전사에 남을 위대한 승리를 거두다.³

당시 왜군과 목숨을 건 명량해전을 앞두고 선조가 '해군을 육군에 편입시키라'는 어명을 전하므로 이순신이 청천벽력 같은 명령에 답하되
'지금 신에게는 아직(오히려) 열두 척의 전선이 있습니다.⁴ 죽기를 각오하고 싸운다면 막을 수 있습니다. 지금 수군을 폐지한다면 이는 적이 바라는 바로 적은 호남을 거쳐 쉽게 한강까지 진격할 것입니다. 오직 그것이 두려울 뿐입니다. 전선의 수가 비록 적으나 아직 신이 살아있으므로 감히 우리를 업신여기지 못할 것입니다.'
-《이충무공전서》

이순신은 당시의 심경을 한산도가에 담으니
'한산섬 달 밝은 밤에 수루에 홀로 올라 큰 칼 어루만지며 깊은 시름 하는 차에 어디서 일성호가는 다시 시름을 더하네'

일본의 도요토미 히데요시가 죽고 도쿠가와 이에야스가 다음 세력으로 떠오르며 왜군이 철수하던 중 절어도, 장도 해전 및 왜교성 전투에 이어 최후에 벌어진 남해 앞바다 노량해전(11차 출전)에서 위대한 승리를 거두며 영웅 이순신이 전사하다. 이에, 함께 전투를 치르던 명나라 제독 진린이 크게 슬퍼하고 이순신의 공적을 높이 받들다. 진린이 이순신의 전공을 명나라 황제 신종에게 알리니 황제는 도독의 인장을 내리다.

> 명의 장수 진린은 능력이 뛰어나지만 탐욕을 일삼는 장수로 알려진지라. 안하무인이던 그가 이순신을 접하고 이순신의 지휘력과 인품에 감복하니
> '이순신은 천지를 주무르는 경천위지(經天緯地)[5]의 재주와 나라를 바로 잡은 보천욕일(補天浴日)[6]의 공로가 있는 사람이다.'[7]라는 최고의 찬사를 하다.
> 마지막 노량해전에서 이순신이 자신을 구하다가 죽었음을 알게 되니
> '어른께서 오셔서 나를 구해주었는데 이 무슨 일이란 말입니까.'라며 통곡하니 명나라 수군 장졸도 함께 눈물을 흘리다.'

임진왜란으로 왜군에게 포로가 된 조선의 백성은 5만 명이 넘는데 이후에 7천여 명이 17년에 걸쳐 되돌아오다. 그중 많은 사람이 천주교 신자가 되어 하느님을 영접하다.

일본에 선교하던 루이스 프뢰스 신부는 일본에서 로마로 보낸 보고서에서 우리 민족이 하느님을 경외하는 민족임을 표현하니,
'내가 만난 조선인들은 모두 착합니다. 하느님을 받아들일 자세가 태어나면서부터 갖춰진 사람들입니다. 그들은 사랑이 많고 신자가 됨을 행복하게 여깁니다. 또 머리도 좋은 사람들입니다. 외국어를 금방 익힐 수 있어서 이젠 전도하는 데 통역도 필요없습니다. 어질고 꾸밈없는 조선 사람들에게 하나님은 너무나 큰 시련을 주셨습니다. 그들은 이 시련을 딛고 일어서 꼭 영혼을 구원받을 것입니다.'

큰 전쟁이 끝나고 급변한 동북아 정세

전쟁이 끝나고 일본은 도요토미 정권이 무너지고 에도 막부(도쿠가와 막부)가 일어나다.

또한 일본은 전쟁 중 조선에서 약탈한 문화재와 도공 및 성리학자들을 자국으로 데려가 그에 힘입어 문화를 급속히 발전시키다.

명은 전쟁의 후유증으로 급격히 쇠약해지고, 만주의 여진이 성하여 명을 위협하다.

**불우하지만
　　스타성 있던 왕
광해의 시대**

　　　　피란지인 평양에서 광해군이 전란 중에 열여덟의 나이
로 세자가 되어 숨겨진 진가를 발휘하니, 선조의 명에 따라 조정
을 나누어(分朝) 힘을 얻으니, 의병을 모집하고 전투를 독려하며
군량 등 보급물자를 지원하는 등 전쟁터를 누비다. 북인들과 의병
장 곽재우가 광해를 좋아하다.

오랜 인고의 시기를 거친 광해가 선조의 죽음 후에 왕위에 오르
니, 전란을 수습하고 재정을 확보하며 대동법으로 백성들의 세금
부담을 줄이다. 또 농지측량을 하고 세금을 정비하다. 허준이 《동
의보감》을 편찬하여 전국에 보급하다.

명이 쇠퇴하자 여진의 누르하치가 후금을 세우고 명을 침공하다.
광해는 명의 요청대로 강홍립을 파견하나 '상황에 따라 대처할
것'을 내밀히 명한 바 있으므로 강홍립은 전투력이 강한 후금에

투항하다.

광해를 지지한 세력은 북인으로, 서인과 남인을 배제한 채 권력을 독점하면서 선조의 적자인 영창대군(둘째 부인 인목왕후 김씨의 아들)을 죽이고 인목대비를 폐위시키는 등 무리수를 둔 지라.

세상사가 그러하듯 광해의 이복동생 영창대군을 지지한 서인이 이제는 거꾸로 남인의 동조하에 광해를 폐위시키고 북인을 축출한 후 인조(선조의 넷째 부인 인빈 김씨의 셋째아들 정원군의 아들)을 왕위에 옹립하니 이름하여 인조반정이다.

서인이 최고 통치기구인 비변사를 장악하고 정치를 주도하며 훈련도감을 비롯하여 어영청, 총융청, 수어청 등 중앙병권을 장악하다.

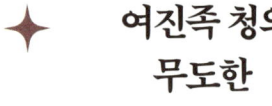# 여진족 청의
  무도한
  침공

후금은 인조의 배금(背金) 정책 이후 외교적으로 중립 정책을 펴던 '광해의 원수를 갚는다'는 명분으로 정묘년에 호란을 일으키니 결국 이에 굴복한 조선과 형제 관계를 맺다.

후금이 더욱 강해지며 청(淸)으로 바뀌어 다시 군신 관계를 요구하나 인조가 거절하자 병자년에 청 태종 홍타이지가 12만 명을 이끌고 직접 조선을 침공하니 이른바 병자호란이라.

임경업은 조선의 자존심과 같은 장군이라, 어려움 속에서도 백마산성을 훌륭히 지켜내자 청은 성을 우회(迂廻)하다.

인조가 강화로 피신하고자 하였으나 길이 막히니, 남한산성으로 가서 저항하다. 주화파 최명길과 척화파 김상헌이 청과의 강화를 놓고 격렬히 적대하다.

결국 인조가 남한산성 인근 삼전도(현재의 송파구 삼전동과 석촌동 부근에 있던 하중도의 나루터)에서 청에 굴욕적으로 항복하고 명과 국교를 끊은 뒤 소현세자와 봉림대군을 인질로 보내다.

인조의 왕세자로서 병자호란의 결과 8년간 청나라에서 볼모로 살면서 청의 문물을 배운 소현세자가 돌아왔으나, 반청 사상을 고수하던 아버지 인조는 청에 우호적인 소현을 냉대하고 배척하다. 세자는 인조와 갈등하다가 독살로 추정되는 의문의 죽음을 맞다.

> '세자는 본국에 돌아온 지 얼마 안 되어 병을 얻었고 병이 난 지 수일 만에 죽었는데, 온몸이 전부 검은 빛이었고……'
> -《인조실록》

소현세자와 함께 만 8년간 인질생활을 한 차남 봉림대군이 대를 이으니 이가 곧 효종이라. 효종은 세 차례에 걸쳐 청나라 군사들과 함께 명나라 정벌 길에 동반한 경험이 있는지라.

효종은 서인을 중심으로 한 반청파인 윤휴, 송시열, 송준길, 이유태 등을 불러들이고, 병자호란 때 공을 세운 이완 장군을 훈련대장에 발탁하여 북벌을 준비하며 군대를 강화하는 한편, 자신은 매일 체력을 단련하고 기마와 궁술 그리도 무도를 연마하며 마음을 다잡다.

'하늘이 내게 부여해 준 자질이 그리 용렬하지 않은 데다가 나로 하여금 일찍이 환란을 당하게 하여 나의 부족함을 채워주었고, 나로 하여금 일찍이 궁마와 진법을 익히게 하였으며, 나로 하여금 저들 속에 들어가 저들의 형세와 산천 지리를 익히 알게 하였고, 나로 하여금 적지에 오랫동안 있게 하여 두려워하는 마음이 없게 하였소. 나의 어리석은 생각으로는 하늘이 나에게 이러한 시련을 겪게 한 뜻이 우연이 아니라고 스스로 행각(行脚, 여기저기 돌아다니며 수행하는 것)하고 있소.'
- 송시열,《송자대전》

효종은 일본으로 향하던 네덜란드인 하멜과 조선에 귀화한 벨테브레(박연)를 훈련도감에 귀속시켜 조총을 만들고, 정예병과 군비를 확장하는 데 힘쓰나 청을 치기에는 역부족이라.

청의 요청으로 나선(羅禪, 러시아)정벌에 두 번에 걸쳐 군사를 파견하고 큰 전과를 거두다. 효종이 귀밑에 난 종기 때문에 치료 중 41세의 나이로 급작스레 사망하니 많은 의문과 아쉬움을 남기다.

붕당 속 숙종의 개혁 추진

허망한 예송논쟁

10년 치세 중에 조선 중흥의 기틀을 다진 효종이 죽자 새로 즉위한 현종 대에, 효종의 계모인 장렬왕후가 상복 입는 기간을 두고 예복 논쟁이 일어나 서인이 남인을 제압하니 1차 예송이라.

다시 현종의 어머니이자 효종의 비 인선왕후가 죽으면서 또다시 장렬왕후의 상복을 입는 기간을 두고 논란이 벌어지다. 효종이 남인의 손을 들어주어 서인이 약화하고 남인이 득세하니 2차 예송이다.

현란한 환국정치

현종에 이어 열넷 어린 나이에 즉위한 숙종은 이후 강한 카리스

마를 가지고 왕권을 강화하다. 그는 남인과 서인에게 여러 차례 세력을 바꾸며 몰아주니 이른바 환국(換局)정치라.

숙종이 후궁 장희빈이 아들(후에 경종이 되다)을 낳자 세자로 책봉하고 이를 반대하던 서인 송시열에 사약을 내리며 인현왕후(송준길의 딸)를 폐서인(廢庶人)하니 남인이 득세하다.

숙종은 다시 '오만해진 왕비' 장희빈을 멀리하고 무수리 최씨와 사랑하면서 다시 서인을 중용하면서 인현왕후를 왕비로 복위시키다.

숙종은 인현왕후가 일찍이 죽자, 저주의 죄를 물어 장희빈을 죽음에 처하게 하고 남인이 몰락하다.

환국(換局)의 묘를 통하여 왕권이 강해진 숙종이 대동법을 전국에 실시하고, 상평통보를 유통시키며 새로운 정책을 강화하다.

왜란 후 에도막부와의 외교관계

새롭게 성립한 도쿠가와 이에야스의 에도막부가 도요토미 오사카 세력이 완전히 정리되지 않은 상태에서 경제적 어려움을 해소하고 선진 문물을 받아들이기 위해 '자신의 정권은 도요토미 히데요시의 임진왜란과는 상관 없다'고 하면서 국교 재개를 수차례 간청하다.

조선 조정으로서는 달갑지는 않지만 떠오르는 후금(후일의 청나라)과의 역학관계와 도쿠가와 에도막부의 정황 등을 살피기 위해 이를 허락한지라. 대마도주와 기유약조를 맺고 부산포에 왜관을 설치해 제한된 무역을 허락하다.

이에 포로 교환 및 정보 수집 목적으로 세 차례에 걸쳐 사명대사(법명은 유정) 등을 단장으로 한 사절단(회답겸쇄환사 回答兼刷還使)을 보내니, 이후 아홉 차례에 걸쳐 통신사를 파견하다.

통신사는 방대한 경제·외교 사절로서 한양을 출발해 육로로 동래까지 간 다음 배를 타고 대마도주의 호위하에 오사카에 이른 다음, 강을 거슬러 교토 가서 에도(도쿄)까지 이동하다. 왕복하는 데 거리만 4천 킬로미터에 5개월에서 1년여가 소요되니 그야말로 거창한 행렬이더라.

일본에서도 조선으로 별도의 사신단이 보내 부산 동래까지 오가며 문물을 교류하다.

통신사는 선조부터 광해군, 인조, 효종, 숙종, 영조, 순조에 이르기

조선통신사, 1748, 대영박물관

까지 모두 12차례에 걸친 경제·외교 사절로서 문물 교류의 역할에 크게 기여하다.

독도를 지켜낸 무명소졸의 영웅

우리나라는 일찍부터 독도의 존재를 인식하니,《세종실록지리지》와《신증동국여지승람》에 독도가 울릉도와 함께 조선의 영토임이 분명히 기록되다.

숙종 때 동래 수군 출신 안용복은 부산의 왜관에 자주 출입해 일본어에 능숙한 자라[8]. 울산 출신 어부들과 함께 울릉도에서 고기를 잡다가, 역시 울릉도를 침범한 일본 어민들과 조업권을 가지고 실랑이를 벌이고 일본으로 끌려가다. 호키주(시마네현) 태수와 에도 막부에 울릉도와 독도가 조선의 땅이며, 대마도주가 양국 사이에서 농간을 부린다고 강하게 주장하다(1차 도일).

결국 막부로부터 울릉도가 조선 영토임을 확인하는 〈서계(書契)〉[9]를 받아내다. 그러나 돌아오던 중 대마도주에게 〈서계〉를 빼앗기고, 귀국 후에는 허가 없이 월경했다는 이유로 곤장을 맞다. 대마도주는 오히려 울릉도를 차지하고자 막부의 〈서계〉를 '다케시마(竹島)에서 조선 어민의 어채(漁採)를 금지해 달라'는 것으로 위조해서 조선 조정에 전달하다.

그러나 숙종은 기존의 공도(空島)¹⁰로 관리하던 울릉도에 삼척 첨사를 파견해 조사하고 정기적으로 관리하기 시작하다. 그리고 대마도주에게는 울릉도와 독도가 조선의 영토이며 일본이 남의 영토를 침범했다고 논책하는 〈서계〉를 전달하다.

양국 사이에서 대마도주가 울릉도와 독도의 영유권과 어업권에 대한 처리를 미루자 안용복은 스스로 울릉우산양도감세관(鬱陵于山兩道監稅官)이라 자칭하며 호키주로 건너가서 호키주 수석 가로(家老) 아라오 오카즈(荒尾大和)와 담판한 결과 일본 어민이 무단으로 월경한 사실에 사과를 받아내다. 호키주에서는 막부에 대마도주의 죄상을 고발하는 문서를 전달하다(2차 도일). 뒤늦게 사태를 파악한 대마도주는 안용복 일행을 표착민으로 취급해 조선으로 송환하다.

숙종 때 조정은 막부로부터 조선의 울릉도와 독도의 영유권과 어업권을 공식적으로 인정받고 일본인의 출어를 금지하다.

당시 안용복은 조정으로부터 건국 이래 공도(空島)정책을 어긴 범경(犯境) 행위이며 대마도가 아닌 호키주를 거쳐 막부와 접촉하고 정부문서를 위조한 것은 외교적 범죄라는 논거로 유배¹¹된 바 있으나 이후 정조와 많은 학자들이 인정하듯이 무명소졸(無名小卒)의 범죄자가 아니라 '영유권 분쟁을 적극 해결한 위대한 영웅'으

로 평가되다.¹²

'안용복은 영웅호걸이라고 생각한다. 미천한 군졸로서 죽음을 무릅쓰고 나라를 위해 강적과 겨뤄 간사한 마음을 꺾어버리고 여러 대를 끌어온 분쟁을 그치게 했으며 한 고을의 토지를 회복했으니 영특한 사람이 아니면 할 수 없는 일이다. 그런데 조정에서는 포상하지 않았을 뿐만 아니라 앞서는 형벌을 내리고, 나중에는 귀양을 보냈으니 참으로 애통한 일이다.'¹³

영·정조 탕평의[14] 묘(妙)와 개혁 황금기

현종, 숙종, 경종 때에 붕당정치가 심하고 조선 초에 보이던 새로운 기운은 쇠하며 명분을 고집하는 성리학의 그늘이 짙어지면서 백성들의 생활은 피폐해지다.

이익은 붕당에 관하여 설파하니, '붕당은 싸움에서 생기고, 싸움은 이해관계에서 생긴다. 이해관계가 절실하면 붕당이 깊어지고, 이해관계가 오래될수록 붕당이 견고해진다. …… 과거를 자주 보아 인재를 너무 많이 뽑았고 …… 이것이 이른바 관직은 적은데 써야 할 사람은 많아서 모두 조치할 수 없다는 것이다.'
- 이익,《곽우록》

뛰어난 리더 영조의 등장

숙종을 이은 경종이 젊은 나이에 죽고 배다른 동생인 영조가 왕위에 오르다. 뛰어난 리더십을 가진 영조는 왕권을 강화하며 성균관 앞에 탕평비(蕩平碑)를 세우고 정쟁을 누르다.

지혜로운 영조는 탕평파를 적극 육성하여 이들을 중심으로 정국을 이끌다. 강화된 왕권을 바탕으로 노론과 소론 사이의 세력균형을 조정해 정쟁을 억제하고 정국의 안정을 기하다.

> '근래에 와서 인재 임용이 당목에 들어있는 사람만으로 이루어지니 …… 이러한 상태가 그치지 않는다면 조정에 벼슬할 사람이 몇 명이나 되겠는가? …… 이조는 탕평의 정신을 수용토록 하라.'
> -《영조실록》

영조의 강한 탕평정치에 불만을 가진 이인좌가 조덕징, 이자주 등 소론파를 규합하여 왕위 계승의 정통성을 탄핵하고, 소현세자 계열인 밀풍군 탄을 새 임금으로 받든다는 명분을 내걸고 난을 일으켰으나 오명항, 박문수 등이 제압하다.

영조는 학문과 강론, 경연을 중시하고, 항상 검소하고 단정하여 후기 개혁의 선봉이 되었으며, 52년을 통치하다. 조선 왕의 수명이 평균 46세 정도이니 상대적으로 긴 통치 기간 내내 왕의 권위가 강하다.

붕당의 근거지인 서원을 정리하고, 인사권을 가진 이조전랑의 권한을 축소하다. 오랜 전란으로 피폐한 민생을 회복하기 위해 농사를 장려하고 백성을 게으르게 하는 게 술이라는 이유로 파격적인 금주령을 실시하기도 하다.

오래된 법전인《경국대전》을 재정비하여《속대전》을 편찬하고, 경제로는 군포 부담을 줄이고 균등한 조세 부담을 꾀하고자 균역법을 실시하였으며, 사회적으로는 삼심(三審)의 사법제도와 신문고(申聞鼓) 제도를 실시하다. 조선판 백과사전인《동국문헌비고》도 편찬하다.

영조는 사도세자를 사랑하여 정사를 맡기기도 하였으나 자신의 기대와 다르게 거칠고 학문을 게을리하는 세자를 점점 멀리하니 노론 측의 견제와 음해가 더하여 결국 왕위에 저해된다고 판단하여 뒤주에 가두어 죽이다.

불우한 아비를 건너뛴 영민한 정조

영조가 죽고 사도세자의 아들 정조가 열한 살의 어린 나이에 왕위에 오르다. 정조는 세손 시절부터 총명하며 공부를 많이 한 지혜로운 왕이라. 유학적 소양과 학식이 신하들을 압도하다.

정조도 역시 붕당을 인정하되 외척 세력을 제거한 후 노론, 소론, 남인을 가리지 않고 고루 관직에 등용하는 강한 탕평정치를 펼치다.

정조는 왕실 학문연구기관이자 도서관인 규장각[15]을 통해 개혁정치를 뒷받침할 인재를 육성하다.

정조는 서얼(庶孼)[16]에게도 기회를 주어 서얼의 벼슬길이 열리니 이덕무, 박제가, 유득공, 서이수가 규장각의 검서관으로 특별히 임명되다. 이들이 부국안민을 위한 중상주의(重商主義)와 북학(北學)을 개척하므로 정조의 개혁을 뒷받침하다.

> 정조가 서얼의 벼슬길을 넓혀주기 위해 법 규정을 완화하라는 지시를 하며 이르기를
> '아! 저 서류(庶流)들도 나의 신하인데 그들이 제자리를 얻지 못하고 포부도 펴지 못한다면, 이 또한 과인의 허물인 것이다.'
> -《정조실록》

학문적으로 탁월한 정조는 의정부에서 젊은 인재를 선발하여 신진세력을 키우니 실학을 집대성한 정약용이 대표적인 인물이라. 어쨌든 정조의 사람이다.

장용영(壯勇營)은 정조의 호위부대라, 정조는 친정세력을 중심으

로 병권을 장악하다.

도시발전에도 뛰어난 혜안이 있던 정조는 수원에 화성(華城)을 두고 수원행궁을 만들면서 신도시를 건설하다. 정약용이 외국의 성곽을 참고하여 신도시 화성을 둘러싼 성곽의 설계를 맡았고, 역시 《기기도설》[17]을 참고하여 물리학과 도르래를 이용한 신기술을 적용하다.[18]

법·제도적으로는 《경국대전》과 《속대전》을 합하여 《대전통편》을 편찬하고, 시전상인의 독점권인 금난전권(禁亂廛權)[19]을 폐하며 누구나 공평하게 상업활동을 하도록 신해통공(辛亥通共)[20]을 실시하다.

정조는 천주교에 대한 신해박해로 유배당한 정약용, 이가환 등 남인세력을 다시 등용하기 위하여 탕평을 넘어 자신의 뜻에 맞는 사람들로 조정을 구성하려고 선언하다(오회연교五晦筵敎).[21]

개혁과 업무에 혼신을 다하던 정조가 오회연교를 발표한 지 두 달 만에 갑작스레 종기 치료과정에서 47세의 나이로 의문과 아쉬움을 남기고 사망하다. 정조의 정적이던 정순왕후[22]와 노론 벽파[23]가 부활하므로 결국 영·정조에 이은 개혁의 황금기가 빛이 바래다.

흔들림 속에서
싹트는
새 기운

9

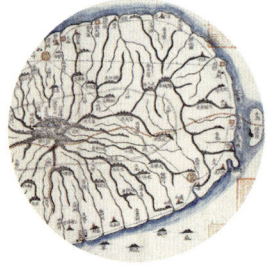

조선 후기,
   전환기적 암흑기와
   새로운 정신문화

정조가 죽고 열한 살의 순조가 왕위에 오르다. 순조, 헌종, 철종에 걸쳐 왕실과 혼인을 맺은 가문들이 권력을 행사하니 곧 세도정치라.

어린 순조가 즉위하자 영조의 계비였던 정순황후가 사실상 수렴청정의 권력을 행사하고, 정상적인 리더십 부재 속에서 순조의 장인 안동김씨 김조순이 세도정치를 하다. 김조순은 친척을 많이 등용하고 반대파를 박해하는 등 조정을 어지럽히다.

어지럽던 순조 시대를 이어 맏아들 헌종이 여덟 살 어린 나이에 왕위에 오르자 이제는 순원왕후 김씨가 수렴청정을 하다. 이후 헌종이 직접 정사를 맡게 되니 헌종의 친모 조대비 계열의 조인영이 영의정을 맡고 풍양 조씨의 세상이 되다.

헌종이 후사없이 떠나자, 사도세자의 뿌리 중에 떠꺼머리 강화도령이 왕위에 오르니 철종이라. 안동 김씨 김문근의 딸이 왕비가 되어 안동 김씨의 제2차 세도정치가 시작되다.

세도정치의 암흑기에 부적절한 권력의 집중과 함께, 뇌물로 벼슬을 사니 결국 그 부작용으로 농민을 수탈하는 부정이 심화하다.

철종도 왕자 없이 세상을 뜨고 헌종의 친모 조대비가 왕위 계승자를 선정하는 대권을 갖게 되자 '꿈과 재능을 숨기며' 뭇 세도가들로부터 '상갓집 개'라고 멸시받던 흥선대원군(이하응)[1]의 둘째 아들 열두살의 '명복'이 계승자로 선택되니 이가 곧 고종이라.

세도 가문은 훈련도감을 비롯한 군영의 지휘권까지 장악하다. 국방 전반을 다루던 비변사가 최고 통치기관이 되고 역시 세도 가문이 장악하다. 세금의 수취체제가 무너지고 전정[2], 군정[3], 환곡[4]의 문란이 만연하다.

조선의 연안에 이양선(異樣船)이라 불리는 서양 선박들이 출몰하여 통상을 요구하고, 부정부패와 수탈이 심해지면서 홍경래의 난에 이어 농민봉기가 확산하다.

노비들이 멀리 도망가서 신분을 세탁하고, 전쟁에서 군공을 세우거나 재산을 모아 납속(納粟)5하면서 천민 신분을 벗어나기도 하므로 신분 질서가 변동되고 의식이 변화하다.

풍운아 홍선대원군의 개혁과 그림자

어린 고종의 아비 홍선대원군이 조대비의 뒤에서 섭정을 시작하면서 개혁을 시도하고 세력다툼의 중앙에 서다.

대원군은 80년 세도의 중심 안동 김씨들을 조정에서 몰아내고, 당파와 신분을 가리지 않고 능력과 재주에 따라 인재를 등용하다.

삼정의 문란을 바로잡고, 양반에게도 세금을 거두며, 정치기구를 정비하고 군비를 강화하다. 풍속을 개량하고 절약을 장려하다.

억울한 죄수들을 조사하여 풀어주고, 임진왜란 때 불타서 200여 년 방치된 경복궁을 어려운 재정에도 기부금, 당백전 발행 등을 통해 강한 의지로 복원하다.

특히 당쟁의 온상이며 재정을 좀먹는 대부분의 서원을 철폐하니 그야말로 충격적인 개혁 조치의 연속이다.

　'진실로 백성에게 해가 되는 것이 있으면, 비록 공자가 다시 살아

흥선대원군, 서울역사박물관

난다 하더라도 나는 용서하지 않겠다. 하물며 서원은 우리나라에서 존경받는 유학자를 제사하는 곳인데, 지금은 도둑의 소굴이 되어 버렸으니 말할 것도 없다'
- 박제형,《근세조선정감》

한편 외세의 물결은 세계사적 시대의 흐름이라. 개항을 요구하며 거칠게 밀어닥치는 서양 세력에 힘겹게 대응하면서 오히려 나라의 문을 잠그게 되니, 결과적으로 역사의 빠른 발전에 뒤처지고 강한 침략의 빌미가 되다.

대원군이 반외세의 기조를 취하니 연장선상에서 동학세력을 배경으로 한 녹두장군 전봉준의 봉기를 막후에서 조율하다.

하느님을 믿는 종교, 천주교의 도래와 새로운 빛

선조 말 '천지의 창조주' 하느님을 믿는 종교 천주교가 중국 북경에서 중국문물과 함께 들어오기 시작하다. 천주교는 '모든 인간이 평등하다'는 사상과 '내세의 영생을 약속'하는 교리로 사람들에게 위안을 주니, 주로 남인 계열의 실학자들이 신앙을 받아들이고 민간으로 확산되다.

경기도 양평에서 권철신, 권일신 형제와 그들의 매부 이벽 등이 입교하고, 경기도 광주에서도 정약종, 정약전, 정약용 삼형제가 입교하다.

이벽은 정약전의 매부 이승훈에게 전도하니, 이승훈은 아비 이동욱이 중국에 사신(정조 때)으로 갈 때 동행하여 북경의 예수회 소속 그라몽 신부에게서 최초로 영세받으니 곧 베드로라.

최초의 한국인 영세자 이승훈이 이벽과 의기투합하여 하나님의 말씀을 두루 전파하다. 양반과 중인, 상민과 천민이 함께 미사를 드리면서 '오직 믿음으로 영생'하는 것과 신분과 상관없이 '믿음 앞에 평등'하다는 사상이 빠르게 전파되다. 또한 기도문이 한글로 옮겨져 한글사용 운동이 전개되니 천주교 세력이 날로 커지다.

합리적이고 냉정을 잃지 않는 정조는 조정 대신들이 천주교가 '민심을 어지럽히고 백성들에게 허황된 생각을 심어주고 있다'면서 '이 나라 질서를 어지럽히는 천주교가 불길처럼 번져가니 속히 금해야 한다'고 주장하는 탄핵 상소에 대해 '무조건 나쁜 종교라고 하면서 막으려고만 들지 말고, 먼저 우리의 학문을 크게 일으키려 노력해야 한다'고 유화적으로 답하니 천주교를 하나의 종교로 인정하겠다는 개방적 입장을 취하다.

그러던 차에, 상황이 반전하다. 정약용의 내사촌인 전라도 진산군의 윤지충은 어머니가 세상을 떠나자 같은 신자 권상연과 상의하여 빈소와 상복, 위패를 불태우니 이는 전례의식(典禮儀式)을 중시하는 성리학 근본원리에 반하는 중대한 처사라, '조상의 제사를 지내지 않은 불효'의 죄목으로 사형을 당하다.

> '서양의 간특한 설이 언제부터 나왔으며 누구를 통해 전해진 것인지 모르겠으나, 세상을 현혹시키고 백성을 속이며 윤리와 강상을 없애고 어지럽히는 것이 어찌 진산(珍山, 지금의 금산군)의 윤지충보다 더한 자가 있겠습니까. 제사를 폐지하는 것으로도 부족해서 위패를 불태우고, 조문을 거절하는 것으로도 그치지 않고 그 부모의 시신을 내버렸으니, 그 죄악을 따져보자면 어찌 하루라도 이 하늘과 땅 사이에 그대로 용납해 둘 수 있겠습니까.'
> -《정조실록》

이승훈이 평택 현감의 직을 박탈당하고 이승훈, 이벽, 권철신·권일신 형제, 정약용과 그 형제 정약전·정약종 등을 모조리 잡혀가고, 교리 서적들이 모두 불태워지니 이 박해사건이 곧 신해사옥(진산사건)이라 불리다.

박해사건 이후에도 믿음이 계속 번지고, 북경의 예수회 구베아 주교의 판단에 따라 서양인 신부 대신에 중국인 신부 주문모가 조선 한양에 파견되어 최인길의 집에서 교리를 가르치고 예배를 드리다.

천주교 신자 김여삼의 배신으로 포도청이 급습하고 많은 신자들이 구속되다. 주문모 신부는 최인길의 도움으로 충청도 여산에 몸을 숨기고 강완숙의 집에 머물면서 3년여 동안 전도하다.

비교적 믿음에 관대하던 영의정 채제공이 세상을 떠나고 정조도 역시 세상을 뜨자 나이 어린 순조가 즉위하다.

새로 즉위한 순조의 어머니 정순왕후 김씨가 천주교를 배척한지라. 이승훈, 정약용 등 지도자와 수많은 신자들이 체포되어 모진 고문과 박해를 당하니, 의금부를 비롯한 포도청과 형조의 감옥이 가득하다. 신부 주문모가 스스로 관아에 찾아가 자백하고 신자들과 함께 구속되어 위로하다가 '제주도 출신의 조선 사람'으로 억지 치부되어 목숨을 잃으니 그 평생 위대한 순교의 길을 걸었더라.

신부 주문모를 돕던 황사영과 김한빈이 신해박해 이후 '서양의 무력 사용 등의 방법으로라도 천주교 탄압을 막아달라'는 서한을 청에게 전하기 위해 역졸에게 부탁하나 그가 체포되니 황사영, 김한빈은 죽임을 당하고(황사영 백서사건), 정약용 형제는 유배되었으며, 서울과 지방의 많은 신자들이 희생당하니 곧 신유사옥이다.

나라가 황폐해지고 민심이 혼란하며 사방에 도둑들이 날뛰다.

헌종 당시 기해년에도 수많은 천주교인이 처형당하고, 이 기해박해 후에 천주교의 재건을 위해 많이 노력하던 김대건 신부도 순교하다.

✦ 흔들리는 조선말, 세도정치의 '가시'와 민란의 바람

정조 때부터 왕실 외척들의 세도정치가 싹터서 순조 때 안동김씨가 권력을 잡고 순조, 헌종, 철종 등 3대에 걸쳐 부당한 세력을 펼치니, 벼슬을 팔고, 백성을 고난에 빠지게 하며, 왕권은 힘을 잃어가다.

홍경래의 이유있는 반란

순조 때 황해도 곡산부사 박종신이 흉년에도 심히 부패하니 백성들이 박종신을 붙잡아 30리 밖에 내쫓았으나 이 저항운동은 곧 관군에 진압되다.

역시 순조 때에 홍수, 기근, 화재에 홍경래의 난까지 일어나면서 나라 전체가 위기에 빠지다.

평안도 출신 홍경래가 평안도, 함경도 지역의 지역적 불리로 부당하게 진사 시험에 떨어진 것으로 인식하므로, 홍경래는 당대에 손꼽히는 부자 이희저의 강한 지원을 얻어, 서자 출신 우군칙과 학문 깊은 김창시를 참모로 하여, 가산 다복동(평안북도 박천군)에 본부를 두고 이제초, 김사용 등 30여 명의 힘센 장수들을 중심으로 농민과 광부들을 규합하여 난을 일으키다.

> 평서대원수를 자처한 홍경래가 격문을 띄우며 난의 명분을 내세우니,
> '무릇 관서(關西)는 기자의 옛터요, 단군 시조의 옛 근거지로 훌륭한 인물이 넘치고 문물이 번창한 곳이다. …… 그러나 조정에서는 관서를 버림이 분토(糞土)와 다름없다. 심지어 권세 있는 집의 노비들도 관서 사람을 보면 '평안도 놈'이라고 말한다. …… 지금 임금이 나이가 어려 권세 있는 간신배가 그 세를 날로 떨치고, 김조순, 박종경의 무리가 국가 권력을 갖고 노니 어진 하늘이 재앙을 내린다.'
> -'패림' 권10,《순조실록》

'어지러운 나라를 바로잡는다'는 그 명분은 많은 지지를 얻고, '이제초와 홍총각'은 정주성(평안북도 정주군), '홍경래, 박천 및 김사용'은 곽산읍을 공격하고 선천(평안북도 서남해안)을 거쳐 평양을 위협하다.

조정에서는 정만석을 사령관으로 관군을 정비하여 반군을 제압하니 홍경래가 그를 따르는 무리와 함께 평안도 정주성에서 100일 넘게 버티나, 화약으로 성을 무너뜨리며 공격해 온 관군을 이겨내지 못하다.

농민 반란군의 지도자 홍경래가 전사하고 홍총각, 김이대, 우군칙 등은 사형에 처해지므로 결국 실패하다. 홍경래의 난으로 민심이 크게 흔들리다.

방랑시인 김삿갓의 절망과 방황, 시대적 통찰

경기도 양주 출신 김병연이 과거시험에 장원(壯元)으로 급제하다. 김병연은 홍경래의 난 때 반란군에 투항한 선천부사 김익순의 손자로서 집안 종이던 김성수의 구원으로 황해도 곡산에 피신하여 공부하며 자란 자라.

과거시험의 주제가 된 '홍경래의 난과 김익순의 부끄러운 항복'에 대해 자신의 조부임을 모르고 '만고역적'이라고 비난하는 답안 글을 쓴 사실을 나중에 알게 된 후에 스스로 굴욕감과 자책감을 느끼니 평생을 큰 삿갓 쓰고 전국을 방랑하며 수많은 풍자적 즉흥시를 남기다.

그의 시가 권력자와 부자를 풍자하고 조롱하는 시가 많았으며 뛰어난 시가 많아 민중시인으로 불리웠으니 불우한 천재의 방황이 조선말 어지러운 사회상을 안타깝게 그려내다.

부패의 끝자락에 마침내 진주민란

순조 때에 왕비인 안동 김씨, 헌종 때에 세자비인 풍양 조씨, 철종 때에 다시 안동 김씨가 왕실의 외척으로 세도를 잡고 흔드니 국기가 문란하다.

철종 때 안동 김씨의 세도정치 시기에 백낙신이 진주병사직을 매수하여 진주목사 김희근과 함께 백성을 심히 수탈한지라. 지역의 뜻있는 유지 이명윤과 유계춘이 마을사람들을 규합하여 진주 병영을 급습한 후 포악하고 부패한 백낙신을 몰아내다.

양반층인 이명윤은 물론 마을 유지들과 머슴, 농사꾼, 목동들까지 힘을 합하여 민란을 일으키고, 백성을 괴롭힌 관리와 아전들을 죽이거나 벌하고 5일 만에 끝나다.

조정에서는 박규수를 안핵사로 하여 사태를 수습하니, 백낙신을 제주로 귀양 보내다. 민란 주모자인 이명윤은 귀양, 유계춘은 사형시키다. 민란에 참여한 많은 사람들에 대한 처벌은 관대하였으나 전국의 민심을 자극하다.

조정에서 백성을 달래려 선무사(宣撫使)를 보내고 암행어사를 곳곳에 보내었으나 역부족으로 전라도 익산, 경상도 개령, 전라도 함평, 충청도 회덕, 공주, 은진, 연산, 청주, 제주도 등지에서 민란이 이어지다.

이러한 혼란 속에서 천주교는 백성의 마음을 얻으면서 교세가 널리 퍼지다.

새로운 혁명정신, 민족 고유의 동학 탄생

조선 후기에 사회적 불안과 긴장이 지속되면서 경상도 경주 용담정에서 최재우가 풍수 사상과 유·불·선의 교리를 토대로 '사람이 곧 하늘'이란 사상과 '민심은 곧 천심'이라는 사상을 바탕으로 동학을 세우다. 동학의 경전은 《동경대전》이라.

> 뜻밖에도 이해 4월 나는 마음이 떨리고 몸이 전율했다. 병이라 해도 증세를 잡을 수 없고 말로도 설명할 수 없었다. 이때 어떤 선어(仙語)가 내 귀에 들려와서 나는 문득 소스라쳐 일어나 캐어묻자, "무서워 말고 두려워 마라. 세상 사람들이 나를 상제(上帝, 하나님)라고 부르는데 너는 상제도 알지 못하느냐?"라고 말씀하셨다.

...... 내가 "그러면 서교(西敎, 천주교)로써 사람들을 가르치려 하십니까?"라고 묻자, "그렇지 않다. 내게는 영부(靈符)가 있는데 그 이름을 선약(仙藥)이라 하고 그 형상은 태극이며, 또 궁궁(弓弓)^{6}과 같다. 내게서 이 영부를 받아 사람들의 질병을 구해주고 나에게 이 주문을 받아 사람들을 가르쳐서 나를 위하게 하라. 그러면 너도 장생할 것이며 천하에 포덕(布德)할 것이다"라고 말씀하셨다.
- 최제우,《동경대전》, 포덕문

동학은 백성들 편에서 인간의 주체성과 만민평등을 내세우고, 신분, 적서 제도를 비판하다. 외세에 대한 준비 없는 조선에, 다가오는 외국 열강의 세력과 서학 천주교에도 대립하다.

이러한 동학사상은 사회적 불안과 질병이 크게 유행하던 삼남지방(전라, 경상, 충청)에 큰 힘을 가지고 빠르게 전파하다.

철학과 비전, 경륜의 부재 속에 철종과 조정은 이러한 동학의 급격한 전파에 불안을 느끼고, 그 창시자인 최제우가 사람을 속여 혼란시키고 세상을 어지럽힌다는 죄목으로 용담정에서 도를 닦던 최제우를 구속하고, 고종 때에 이르러 최제우가 지은 〈검결(劍訣)〉을 유죄의 근거로 하여 결국 사형시키다.

때로구나, 때가 왔구나! 다시는 오지 못할 그 좋은 때가 왔구나.

만세에 한 번 태어나는 대장부로서 오만 년 만에 만나게 되는 때
로구나. 용천검(龍泉劍) 잘 드는 이때를 맞아 아니 쓰고 무엇하리.
…… 만고의 명장 어디에 있나. 이 대장부 앞에서는 당해낼 장사가
없네. 좋을시고 좋을시고, 이 내 신명 좋을시고.
- 최제우, 〈검결〉

교주 최제우의 순교 이후 최시형이 2대 교주가 되어 교세를 다시 부흥시키니 삼남과 강원, 황해, 평안도로 확장되다. 지역별로 접소와 책임자인 접장을 두고 농촌사회를 중심으로 세력을 넓혀가다.

동학은 성리학이 기존 지배체제의 원리로서의 기능을 다하던 시점에 '하늘과 사람이 하나'이며, '하늘이 나에게 이미 자재(自在)하므로 인간 모두가 거룩하고 존엄한 존재'라는 인간관을 통해 전근대적 신분 차별을 부정하고 평등을 지향했다는 큰 사회혁명적 의미를 가진다.

뒤늦은 서양문물의
전래와
실학의 발아(發芽)

많은 서양사람이 먼저 중국과 일본으로 진출하여 서양문물을 전하고, 중국과 일본을 왕래하면서 조선의 연안을 탐험하다.

선조 때 명나라에 갔던 이광정이 화포, 천리경, 지도, 자명종 외에도 수많은 천주교 및 천문 서적 등을 들여오다.

인조 때 청나라에 볼모로 가 있던 소현세자도 선교사 아담 샬로부터 과학, 수학, 지리, 천주교 서적과 지구의 및 천주상을 얻어오다. 그러나 소현세자는 귀국 후 인조로부터 환영받지 못하고, 이에 상심한 탓인지 곧 세상을 떠나는 바람에 천주교와 서양문물을 제대로 싹 틔우지 못하다.

소현세자는 병자호란에 패한 후 청에 인질로 잡혀왔다가 서양문물을 접하여 크게 각성하고, 선교사 아담 샬을 만나 여러 서양문물

을 선물받고 감사의 서한을 보내니,

'어제 귀하에게서 받은 천주상, 천구의, 천문서 및 기타 양학서는 전혀 생각지도 못했던 것으로 기쁘기 짝이 없어 깊이 감사드립니다. …… 이러한 것들은 본국에서는 완전히 암흑이라 해야 할 정도로 모르고 있는데, 지식의 빛이 될 것입니다. …… 제가 고국에 돌아가면 궁궐에서 사용할 뿐만 아니라 이것들을 출판하여 학자들에게 보급할 계획입니다.'[7]

인조 때 네델란드인 벨테브레가 일본으로 가던 중 태풍으로 난파되어 표류하다가 제주도 해안에 접안하다. 벨테브레는 한국인으로 귀화하여 박연으로 개명하고 결혼도 하였으며, 훈련도감에서 대포를 제작하는 등 크게 기여하다.

인조는 소현세자 사후에 반청 의식이 강한 둘째 아들 봉림대군을 후계자로 정하니 곧 효종이라. 왕위에 오른 효종은 북벌을 적극 추진하니 이는 오랑캐에 당한 치욕을 씻어야 한다는 지배층의 의식이 반영된 것이라. 효종 때에 김육이 청나라에서 새 역법인 시헌력을 들여오고, 우리나라에 도입하다.

네델란드 상인 하멜 등 38명이 타이완에서 일본을 향하다가 폭풍우를 만나 제주도에 표착하여 한양으로 온 뒤 훈련도감에서 박연 밑에서 무기 제작 등에 종사하다. 우여곡절 끝에 10년 만에 귀국하여《표류기》를 쓰니 조선을 유럽에 소개한 최초의 서적이 되다.

홍길동전으로 유명한 허균도 명나라에서 천주교의 기도문을 비롯한 새로운 지식을 얻어와 전파하다.

광해군 때에 이수광이 명나라 수도 북경에 갔다가 이탈리아 선교사 마테오 리치가 쓴 천주교 교리책인《천주실의》를 보고 국내 학자들에게 소개하는 글을 쓰다.

숙종, 영조 때의 이익도 역시 마테오 리치의《만국전도》를 읽고 세계 지리의 새로운 지식을 가르쳤으며,《천주실의》도 소개하다.

영조 때의 홍대용은 청나라의 새로운 문물과 천문학 등 서양학문을 배우고 익히다. 특히 홍대용은 청나라 국립천문대인 흠천감에서 독일인 책임자로부터 천문지식을 배우고《의산문답》이란 책을 써서 지동설과 지구구형설(地球球形說)을 소개하다. 또한 〈임하경륜〉에서 교육의 평등화를 주장하다.

민생을 파고든 실사구시의 학문, 실학

조선의 성리학이 서경덕, 이황과 이이를 통해 많은 발전이 있었으나 시간이 흐를수록 의리와 명분을 중시하면서 교조화(敎條化)가

마테오 리치와 명나라 학자 서광계, 중국미술관

진행되다.

피폐해진 민생을 개탄하던 학자들이 명, 청을 통해 들어온 서양의 앞선 과학 문명을 보고 크게 반성하며 실용주의에 입각해서 농업, 상업, 공업 등 산업을 육성하고자 하니 곧 실학(實學)이라.

실사구시(實事求是)라는 실학의 사상은 사실에 바탕을 두고 진리를 탐구하자는 것으로 이용후생(利用厚生)[8]과 경세치용(經世致用)[9]의 정신을 바탕으로 하다.

이러한 실학의 기운은 일찍이 선구적인 조광조, 이이 등에 의해 싹이 트다가 현종, 숙종을 거쳐 영·정조 대에 와서 크게 꽃을 피우다.

실학이 학문으로 자리 잡으면서 수차례 명나라에 다녀온 이수광이 《지봉유설》을 편찬하니 곧 오늘날의 백과사전이라. 이를 심화한 유형원은 경세제민의 정책론인 《반계수록》을 저술하고, 100년 뒤에 영조가 상소를 받아들여 이를 재차 간행케 하다.

> 영조는 자신의 거처에 실사구시(實事求是) 네 글자를 붙여 놓고 상소를 받아들여 당시 실학의 선구자인 유형원의 반계수록을 인쇄해 바치도록 명하다.
> '오늘날에 부족한 것은 강론이 충분하지 못한 데 있지 않고, 오직

강론만 하고 시행하지 않는 것에 있습니다. …… 최근 호남의 선비 유형원은 바로 그것을 잘 강구하였습니다. …… 삼가 바라건대 특별히 그 고을의 수령에게 명하여 그 책(반계수록)을 가져다 바치게 하여 전하께서도 보시고 곧 전국에 나누어 반포해서 시행하게 하소서.'
-《영조실록》

정조의 사람으로 불리던 정약용은 지식과 재능, 정직과 덕망을 두루 갖춘 위대한 행정가요 과학자요 실학자다. 일한 만큼 결과물을 나누자는 여전론(閭田論)[10]과 좀 더 진화된 정전제(井田制)를 주장하다.

정약용은 실학을 집대성하였으나 정조의 죽음 이후 순조 때에 신유박해를 당하여 경상도 장기(포항시 남구)로 귀양갔다가, 황서영 백서사건 때에 다시 강진으로 유배되어 18년간 유배생활을 하다. 귀양이 풀린 뒤에도 정적(政敵)인 서용보[11]와의 악연으로 다시는 등용되지 못하다.

그러한 고난의 시절 속에서도 그는《목민심서》,《경세유표》,《흠흠신서》,《전론》등 500여 권의 위대한 책들을 집필하다.

백성을 위해 목(牧)이 존재하는가, 백성이 목을 위해서 태어나는

가. …… 목이 백성을 위해 존재하는 것이다. 옛적에는 백성만이 있었을 뿐이니, 어찌 목이 존재했을 것인가. 몇 사람들이 현명한 노인을 추대하여 최고의 장으로 삼아 황왕이라 불렀으니 황제의 근본은 이정(里正, 지방행정조직의 최말단인 이의 책임자)에서 나온 것이니 따라서 목은 백성을 위해서 존재하는 것이다.
- 정약용,《여유당전서》[12], 원목(原牧)

유수원, 홍대용, 박지원, 박제가 등이 청으로 유학을 가서 선진적인 서양 문물을 수용하니 이른바 중상학파다. 유수원은 직업적 평등을, 홍대용은 문벌 제도의 폐지를, 박지원은《열하일기(熱河日記)》에서 수레와 선박, 화폐의 사용을 강조하다. 박제가는 청의 문물을 보며 소비론을 펼치다.

그러나 중상주의 개혁의 주장은 현실을 변화시키기에는 전통과 제도의 벽이 너무 두터웠다.

우리 역사의 장을 만주까지 넓힌 이종휘의《동사(東史)》와 유득공의《발해고》가 있었고, 김정호는 전 국토를 직접 답사하여 과학기술에 입각하여 축척을 적용한〈청구도〉,〈동여도〉,〈대동여지도〉[13]를 만들었으니 정밀도가 오늘날과 크게 다르지 않은 위대한 작품이라. 이중환은 각 지역의 자연환경, 역사, 인물, 물산과 풍속을 실은《택리지》를 저술하다.

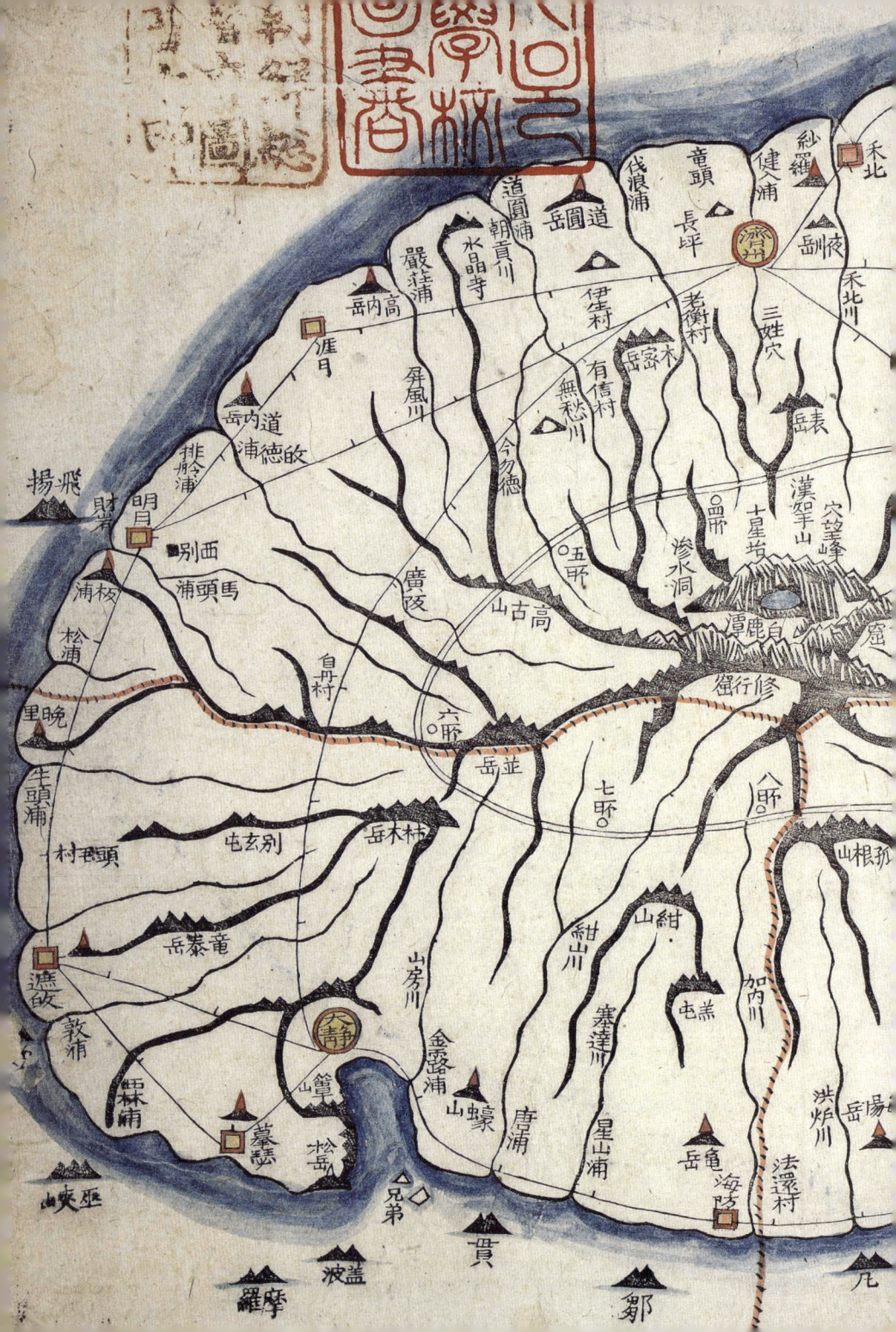

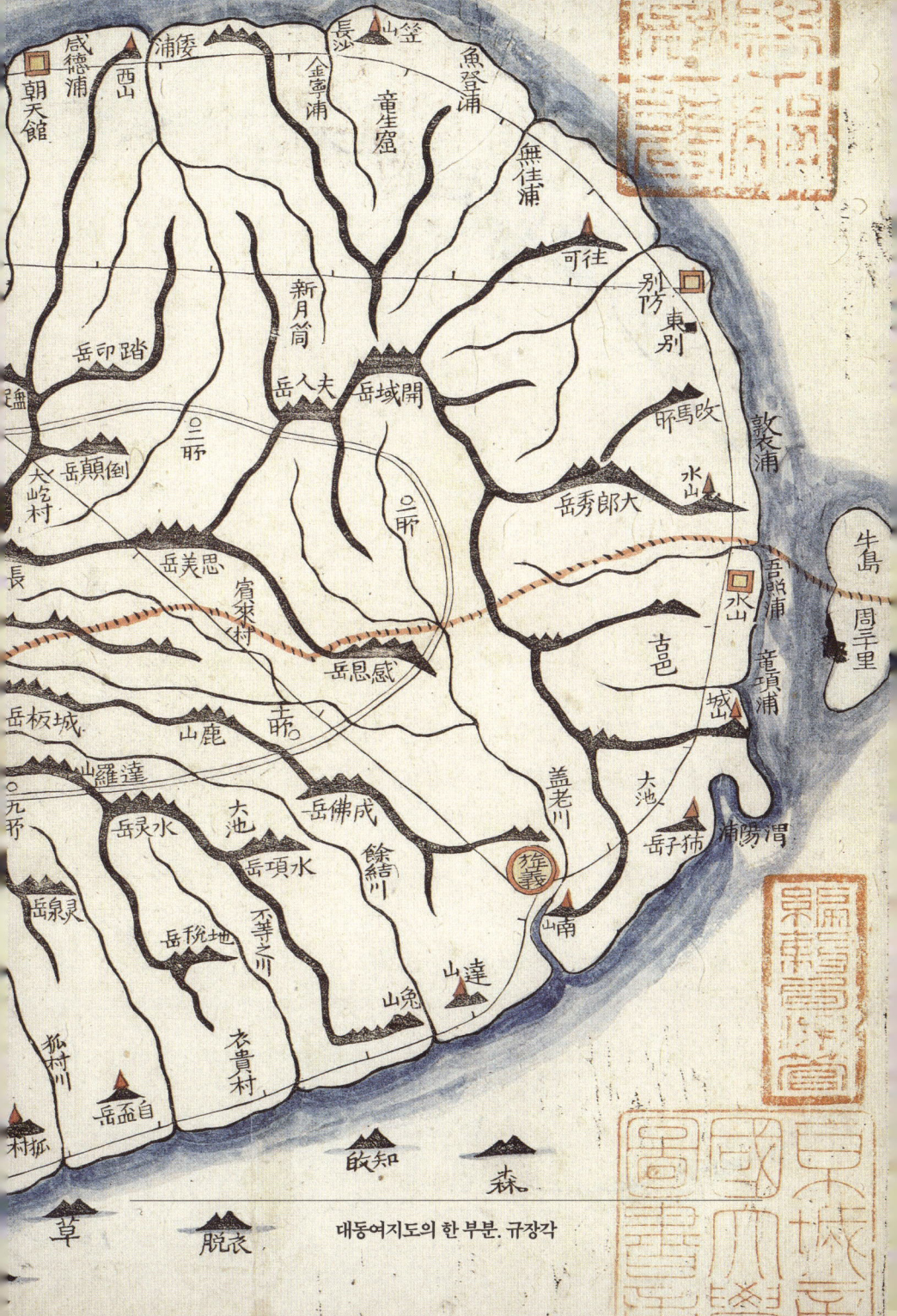
대동여지도의 한 부분. 규장각

이양선의 거친 등장, 나라 문을 잠그고 천주교를 적대하다

제국주의 영국이 청과 아편전쟁을 일으켜 압도적으로 승리하니 남경조약을 체결하여 '청은 홍콩을 영국에 넘겨주고', 광주를 비롯한 몇몇 항구를 개항하다.

청나라에 태평천국의 난이 일어나고 제2차 아편전쟁이 일어나 천진조약과 북경조약으로 천진 등을 추가로 개항하며 구룡반도를 영국에 할양하다. 러시아는 청과 영국·프랑스 간의 강화를 알선한 대가로 연해주를 양도받다.

아편전쟁의 결과를 지켜 본 일본의 경우, 미국 페리 제독이 일본을 강제로 개항시키자 에도(도쿠가와) 막부가 이에 굴복해 개항하다. 서양의 우월함을 인식한 개혁세력이 막부 체제를 타도하고 메이지 천황 중심의 신정부를 수립하니 곧 메이지 유신이라.

메이지 정부는 부국강병과 문명개화를 외치며 근대국가를 건설하기 위한 개혁을 추진하다. 신분제도를 폐지하고, 징병제를 채택하며, 국민교육을 실시하다. 정부는 근대화를 가속화하기 위해 이와쿠라 사절단을 미국과 유럽에 파견하다. 이후 일본은 제국주의의 길로 접어들다.

> 일본의 제국주의적 침략을 뒷받침하는 논리는 탈아론(脫亞論)이라. 메이지 유신의 주역이자 갑신정변 이후 정한론(征韓論)을 주장한 후쿠자와 유키치는
> '옛것을 버리고 새로운 것을 얻은 과정에서 가장 핵심적인 것은 아시아를 벗어나는 것이다. 비록 일본이 이미 정신적으로는 아시아를 벗어났지만, 이웃의 두 나라(조선과 청국)는 개혁을 생각조차 하지 못하고 있다. 이 나라들의 유교적 가르침은 모두 위선적이고 뻔뻔할 뿐이다. 중국과 일본의 개혁이 실패한다면 이들은 곧 세계 열강에 나라를 빼앗길 것이다.'
> - 시사신보, 1885(메이지 18), 3.16

서양의 침략이 가속화하면서 서양의 함선이 우리나라에 접근하다. 순조 때 처음으로 영국 선박 암허스트호가 충청도 해안에 나타나 수교와 통상을 요구하고, 헌종 때 영국 선박 두 척이 제주도에서 가축을 약탈하다. 그리고 뒤이어 영국 군함 사마랑호가 제주와 전라도 해안을 측량하던 중 거문도를 불법 점령하고 해밀턴항으로

명명한 후 거문도 조차(租借)를 요구하나 국제관계가 긴장하므로 러시아와 청나라도 조선 영토를 떠난다는 조건하에 철수하다.

프랑스 해군소장 세실이 함대 3척을 충청도 외연도에 접안시키고 신부 살해에 항의하는 국서를 전달하다. 다시 프랑스 군함 글루아르호가 회답을 받으러 오다가 전라도 고군산 열도에 좌초하다. 조정에서는 이에 청나라를 통해 프랑스에 회답을 보내니 최초의 외교문서가 되다.

철종 때 미국 포경선이 동래 용당포에 나타나다.

대원군은 처음 천주교 신자라고 불리울 만큼 천주교에 호의적이었으나 신자 남종삼이 러시아를 견제하기 위해 영국과 프랑스의 힘을 구하자는 건의를 받아들여 프랑스 베르뇌 주교에 요청하였으나 화답이 없자 천주교를 사교(邪敎)로 단정하고 배척한지라.

신부들과 천주교인들이 출국과 배교(背敎)를 거절하자 새남터(용산구 서부이촌동)에서 3개월간 9명의 프랑스인 신부와 남종삼을 포함한 8천여 명이 불행하게 순교한지라 이른바 병인사옥이다.

살아남은 프랑스 신부 페롱, 리델, 칼레가 숙의하고, 천주교 탄압을 피하기 위해 청나라 북경 주재 대리공사 벨로네와 프랑스 인도차이나 함대사령관 로즈 제독에게 전한지라. 7척의 프랑스 군함과 해병이 강화를 공격하다.

이에 대원군이 이경하로 하여금 대응하게 하니 문수산성, 양화진, 정족산성 등에서 크게 승리하므로 이 전투가 곧 병인양요라. 이는 대원군의 쇄국정책을 더욱 굳히게 할 뿐이다.

대포로 무장한 미국 상선 제너럴 셔먼호도 대동강을 거슬러 평양에 정박한지라. 양각도의 민가를 노략질하다가 관군과 전투 중 모래톱에 걸려 화공에 침몰하다. 미국이 다시 로저스 제독의 군함을 출동시켜 강화도 초지진·광성진 등에서 관군과 치열한 전투 끝에 물러가니 이 사건이 신미양요다.

병인양요와 신미양요를 거치며 경계심이 더욱 커진 대원군은 나라의 문을 굳게 문을 닫고 천주교를 심하게 박해하다. 대원군은 통상외교를 거부하며 전국 각지에 서양 세력을 오랑캐로 규정하는 척화비를 세우다.

> '서양 오랑캐가 침범하는데 싸우지 않는 것은 화친하는 것이요, 화친을 주장하는 것은 나라를 파는 일이다.'
> - 홍선대원군의 경남 함양 척화비

신미양요 당시 참전한 미국 장교, USS콜로라도호

한편 미국은 서부 개척, 영국은 인도의 내란 진압, 프랑스는 인도차이나(베트남, 라오스, 캄보디아) 경영, 러시아는 황제의 피살사건 등으로 서양 각국들의 대외정책이 소극적이 되다.

독일 상인 오페르트는 차이나호로 충청도 홍주목 행담도에 정박하고 덕산군(지금의 예산군 서부지역)을 점령한 후 대원군의 아버지 남연군의 묘까지 도굴하는 파렴치를 범하다. 이 차이나호에 프랑스 페롱 신부가 함께 타고 있어서 대원군의 적대감을 더하게 하다.

허약한 리더십과 외세의 각축 속에서

10

영민한 중전 민씨의 등장

평안남도 덕천군수를 지낸 민치록의 딸이 고종의 왕비가 되니 명성황후라. 중전 민씨는 가정이 어려웠으나 혼자서 책을 많이 읽어 세상 보는 눈이 밝더라.

중전 민씨를 중심으로 한 새로운 세력이 독단적이고 외세 배타적인 대원군을 배척하며, 조정은 민씨 일파가 장악해 나가다. 더불어 최익현이 대원군에게 권한을 이양할 것을 주장하며 사간원, 사헌부, 성균관 유생들의 상소가 이어지므로 대원군이 드디어 집정 10년 만에 권력을 내려놓다.

이로써 중전 민씨, 민승호 및 민씨 일파가 정권을 잡으니 민씨 세도정치가 시작하다.

개화의 빛,
　　조정은 급한 풍랑에
떠돌고

일본이 메이지 유신을 통해 근대화에 성공하여 우수한 서양 문물을 받아들이고 근대식 군함을 보유하는 등 강대해지다.

일본 새 정부가 조선에 국교를 원하는 외교문서를 전하고 부산에 군함을 보내며 갈등을 일으키다가 운양호(雲揚號) 등 군함으로 하여금 강화도 초지진 일대의 해안을 침범한지라. 일본의 위협 속에서 고종의 경륜과 리더십 부재, 민씨 세력이 주도하는 조정의 무능 속에 일본과의 불평등 조약인 강화도 조약(병자수호조약)이 체결되다.

이에 김기수가 수신사로 일본을 다녀오고 부산, 인천, 원산이 개항하며 일본 공사가 서울에 상주하게 되다. 김홍집도 수신사로 일본에 다녀오고 이듬해 신사유람단도 문물을 배워오다.

문호개방 후 개화정책의 하나로 조선 최초의 근대적 기구인 통리기무아문을 두고 신식 군대인 별기군을 두면서 기존의 군체제인 무위영 및 장어영과 갈등이 생기다.

무위영에서 썩은 쌀에 모래를 섞은 식량 배급 탓에 임오군란이 일어나며 민씨 친족이 공격당하고 별기군의 일본인 교관 호리모토가 살해되다.

고종이 대원군을 다시 불러들이자, 대원군은 개화 정책을 폐지하면서 통리기무아문을 없애고 조선 초의 의흥삼군부와 같은 삼군부를 다시 세우며 부정부패에 앞서던 민씨 세력을 축출하다.

청나라에서 마건상이 병력을 강화하고, 일본은 육·해군 병력을 보강하여 조선에 사과를 요구하다. 대원군이 청의 마건상에게 일본과의 문제를 조정해 달라고 요청하자, 마건상은 오히려 일본 공사 하나부사의 계략을 받아들여 대원군을 제거하기로 하고, 대원군을 남양의 마산포에서 감금하여 청나라 천진으로 납치하다.

이후 조선은 일본의 요구조항을 모두 들어주는 굴욕적인 제물포조약을 체결하고, 청나라는 조선 내정에 간섭하니 민씨 일파는 청나라와의 긴밀한 소통하에 권력을 회복하다.

양반 출신 박규수의 주변에는 중인(中人)인 오경석, 유홍기 뿐만 아니라 개화에 뜻을 함께하는 김옥균, 서광범, 박영효[1] 등 젊고 유능한 양반자제들이 모여들다.

일본에 수신사로 파견된 박영효, 서광범, 홍영식, 서재필 등이 일본 방문을 통해 개화된 새 문명에 크게 각성한 뒤, 개화당을 조직하고 청나라를 등에 업은 민씨 일파의 수구당을 배척하며, 독립적인 개화 정부를 세우기 위해 일본의 세력을 이용하고자 하다.

세계 각국이 청나라 지도자 이홍장[2]에게 요청하여 조선과 통상 조약을 맺으니 미국, 영국, 독일, 프랑스 등 열강들에게 굳게 닫힌 문을 열다.

개항 이전에도 박규수[3]는 미국과의 조약 체결을 주장하다. 이 주장은 제2차 수신사 김홍집이 일본 주재 청의 외교관 황준헌이 쓴 《조선책략》을 가지고 들어오면서 힘을 얻다.

> 일본 주재 청나라 외교관 황준헌이 조선책략을 쓰니
> '조선이라는 땅덩어리는 실로 아시아의 요충을 차지하고 있어 그 형세가 반드시 다툼을 불러올 것이다. 조선이 위태로워지면 중동의 형세도 위급해진다. 따라서 러시아가 강토를 공략한다면 반드시 조선이 첫 번째 대상이 될 것이다. …… 러시아를 막을 수 있는

조선의 책략은 무엇인가? 오직 중국과 친하며(親中), 일본과 맺고(結日), 미국과 연합(聯美)함으로써 자강을 도모하는 길 뿐이다.'

김옥균 등 개화당은 청나라와의 사대관계를 청산하고 신문물에 대한 개화사상을 받아들이기 위해 고종을 설득하는 한편 일본 공사 다케조에의 협조하에 우정국 연회를 기화로 정변을 일으키다.

김옥균이 고종에게 이르되,
'지금 천하대세는 나날이 변하고 있습니다. 나라 안의 상황은 날로 위급해지고 있으며, 청과 프랑스 사이에는 전쟁이 임박하였습니다. 청과 일본 역시 그런 상황에 이르게 될지도 모르겠습니다. 그리고 십여 년 전부터 서양 여러 나라의 동양 각국에 대한 정책이 갑자기 변하였습니다. 만약 옛 법도만을 굳게 지킨다면 곧바로 위기가 닥쳐와 거의 망하게 될 것입니다.'
- 정교,《대한계년사》

'우리는 수년간 평화적 수단으로 고생을 이겨내면서 모든 힘을 다 했으나 성과가 없을 뿐만 아니라 오늘은 이미 죽을 지경까지 빠지게 되었다. 앉아서 죽음을 기다릴 것이 아니라 먼저 적수를 눌러버리지 않을 수 없는 형편에 이르렀다. 따라서 우리의 결심에는 오직 한 길이 있을 뿐이다.'
- 김옥균,《갑신일록》

개화당은 정부수립을 공포하고, 개혁 정강 14조를 발표하며, 내각을 개편 임명하다.

중전 민씨와 수구당 일파가 청나라 원세개에게 청군의 파견을 요청하여 청군과 조선군이 일본군과 교전함에 따라 큰 피해가 발생하다. 혼전 상태에 빠지자 일본군의 전세가 불리해지면서 중전 민씨의 주장에 따라 고종이 경우궁으로부터 창덕궁으로 철수하면서 개화당의 혁신은 사흘 만에 실패하다. 이것이 곧 '삼일천하'요, 갑신정변이라.

모든 길이 막힌 개화 세력의 주역 김옥균은 다케조에 공사의 주선으로 일본으로 망명하고, 10여 년이 지나 상하이에서 수구파 자객 홍종우에게 운명을 다하니, 주권은 무너지고 궁궐 속 깊숙이까지 외세가 들어온 힘 잃은 왕조의 한 많은 풍속도더라.

갑신정변은 외세에 의존했지만, 수구파를 제거하지 못하면 서구 열강의 식민지가 될 것이라는 자각 속에서 급진적 방법으로 근대적 국민국가 수립을 지향한 강한 정치개혁 시도다.

러시아 공사 베베르 부부가 중전 민씨와 친해지며 조정을 움직이려 하니 러시아의 남하정책을 견제하던 영국과 함께 일본, 청이 반응하며 결국 청에 연금되어 있던 대원군이 귀국하게 되어 백성

한성의 외교사절을 위한 만찬, 더 런던 뉴스, 1894. 9. 1, 명지대 LG연암문고

들의 기대를 받았으나, 이미 무너진 조정은 다시 회복하기 힘든 상태더라. 일본의 횡포와 관리들의 부패, 흉년과 도둑 떼가 횡행하니 백성들은 생존의 문턱에 서다.

자주적 동학혁명이 일어나고 청일전쟁으로 청이 쇠퇴하다

양반이나 상놈이 모두 평등하다는 동학사상이 큰 공감을 얻으며 교세가 커지니, 동학교도 박광호, 손병희 등 40여 명이 광화문에서 창시자 최제우의 죽음을 풀어주도록 상소하고, 나라를 혼란케 하는 서양인과 일본인을 몰아내 줄 것을 요청하나 받아들여지지 않더라.

제2대 교주 최시형은 심한 탄압 속에서도 동학의 교리와 조직을 정비하다. 무저항 사상을 주장하고 교조신원운동(敎祖伸冤運動)과 동학 농민운동에 참여해 개혁의지를 보이다.

신임 고부(전라북도 정읍)군수 조병갑의 수탈과 폭정이 심하자 드디어 운현궁의 대원군과 소통하던 동학교 접주이자 녹두장군이라 불린 전봉준은 김개남과 손화중 등이 이끄는 농민혁명군을 이끌고 4개 행동강령을 앞세워 일어서다.

- 사람을 죽이지 말고 물건을 해하지 말라.

- 충효를 다하며, 세상을 구하고 백성을 편안케 하라.
- 일본 오랑캐를 쫓아버리고 왕의 정치를 깨끗이 하라.
- 군대를 몰고 서울로 들어가 권세가와 귀족을 없애라.

- 〈정교〉, 《대한계년사》, 갑오년

이에 조정은 전라감사 김문현과 고부군수 조병갑의 벼슬을 빼앗고 농민을 위무(慰撫)하려 하다. 후속 인사로 부임한 군수 박원명은 공평하나 안핵사 이용태는 부패한 자라 또 다른 수탈을 하니 동학이 농민들과 함께 재차 반란하다.

'우리가 의를 들어 이에 이르렀음은 그 뜻이 결코 다른 데 있지 않다. 백성을 도탄에서 건지고 국가를 반석 위에 두고자 함이라. 안으로는 탐학한 관리의 머리를 베고, 밖으로는 횡포한 강적의 무리를 구축(驅逐)하고자 함이라. 양반과 부호 앞에 고통을 받는 민중, 수령과 방백 밑에 굴욕을 받는 아전들은 우리와 같이 원한이 깊은 자이라. 조금도 주저치 말고 이 시각으로 일어서라'

- 동학농민군의 〈창의문〉[4]

초토사 홍계훈이 전세가 불리한 가운데 청나라와 일본의 군대가 온다는 명분으로 동학혁명군에게 화의를 청하다. 혁명군은 근대적인 12개의 개혁정책을 추진할 것을 조건으로 철수하고, 집강소를 세워 감시하도록 하나, 정부는 약속을 어기고 지키지 않다.

정부가 동학농민군과 전주화약을 맺은 후 '교정청'을 설치해 동학농민군의 요구가 반영된 자주적 개혁을 추진하고, 일본의 간섭을 막고자 하니,
'우리 정부는 왕명을 받들어 교정청을 설치하고 당상관 15명을 두어 먼저 폐정 몇 가지를 개혁했는데 모두 동학당이 사정을 하소연한 일이라. 자주의 개혁을 추진함으로써 일본인들이 요구와 끼어듦을 막고자 하다.'
- 김윤식,《속음청사》

전봉준의 동학군 행동강령과 12개 개혁정책은 서양과 일본에 대한 적대적 정책, 토지균분제 등 일부의 내용 외에는 인권과 재산 존중, 충효와 안민, 부정과 부패근절, 세제개혁, 신분차별 폐지, 인재 등용과 문벌 타파 등 근대적이고 훌륭한 강령과 사상이더라.

동학군을 빌미로 조선에 군사를 들인 청나라의 이홍장과 일본의 오토리 공사 간에 갈등이 생기니, 청은 아산만과 육로로, 일본은 제물포로 진입하여 풍도(아산만 입구) 해전과 성환 싸움 등에서 전투를 벌이다.

일본이 계속된 승리 끝에 만주 깊숙이 침공하여 승리하게 되니 청·일 간에 시모노세키조약을 맺다. 이에 따라 청은 조선의 독립을 확인하는 한편, 요동반도와 팽호제도(대만 페스카도레스 제도)를

서울로 압송되는 전봉준. 동학수괴라고 쓰여있다

일본에 넘겨주게 되나, 러시아가 동맹국인 프랑스, 독일과 연대하여 요동반도 이양이 동아시아의 평양에 위협이 된다고 압박하므로 결국 요동반도는 청에 반환되다.

일본의 주도권 장악에 대응하여 대원군이 개입하고 전봉준이 응하면서 동학 농민군과 손병희 접주의 가세로 20만 대군이 봉기하다.

동학군은 논산을 거쳐 공주로 진군하나 공주싸움에서 일본의 정규군과 기관총 앞에서 무력하게 패배하고 재기를 꾀하던 전봉준이 순창(전북 남부)에서 배반자의 밀고로 체포되고 서울로 압송되어 처형되니 동학 농민의 희생자는 40만 명에 이르다.

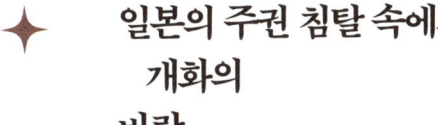
일본의 주권 침탈 속에서 개화의 바람

일본의 오토리 공사가 중앙 및 지방 제도, 재정, 법률과 재판법, 병제, 교육 등에 대한 내정개혁안을 내놓음에도 조선 조정의 거부 의사에 따라 중전 민씨 세력을 제거할 계획을 세우다.

청의 공사 원세개가 일본군의 철수를 꾀했으나 청의 실권자 이홍장이 귀국함에 따라 자신도 귀국하면서 청의 영향력이 상실되다.

일본은 개혁에 반대하는 대원군을 제거하고, 강권으로 교정청을 없애며 군국기무처를 설치하여 개혁을 추진하다. 총재 김홍집을 비롯하여 박정양, 유길준 등 개화 인사들이 참여하여 개국 연호를 사용하니 청에 대한 사대를 폐지한다는 의미다. 궁내부를 설치하여 왕실의 업무를 처리케 함으로 의정부의 국정운영에 관한 사무와 구분하며, 문벌과 양반·상민의 신분 차별을 폐지하는 등 갑오개혁을 하다.

청·일 전쟁에서 승기를 잡은 후 일본 오토리 공사가 연대병력으로 왕궁수비대를 무력화하고, 청의 배제, 왕실사무와 국정사무의 분리, 각종 제도개혁 등의 홍범 14조를 발표하고 김홍집과 대원군을 앞세워 중전 민씨 세력을 축출하며 친일 내각을 조직하여 군국기무처를 폐지하고 근대적인 208건의 개혁안을 만들다.

조선에 주재하는 오토리 공사에 이어 이노우에가 있었으나 큰 성과는 없다. 중전 민씨는 일본에 대해 프랑스 및 독일과 연대하여 요동반도를 청에 반환케 한 러시아의 영향력을 신뢰하여 공사 베베르와 가까워지고, 민씨 일파를 중심으로 친러시아 내각을 조직하다.

영민하나 꺽센 중전 민씨의 비극적 종말

일본은 다시 냉정하기로 정평 있는 미우라를 보내니 미우라는 고종과 중전 민씨의 환심을 사면서 불경에 집중하는 듯 위장하다. 미우라는 다시 대원군을 기망하여 앞장세우고 일본 군대와 낭인들로 하여금 중전 민씨를 참혹하게 시해하는 파렴치를 범하니 곧 을미사변이라.

중전 민씨(명성황후明成皇后)는 영민한 두뇌의 소유자이나 척족정치의 악순환을 거듭하게 하며, 사대·수구적 정책으로 조정의 혼란을 가속시키고 일본의 침입을 촉진시키다.

한편 중전 민씨 척족세력은 근왕파(勤王派)로서 고종이 시도한 광무개혁의 지지세력이고, 을미사변 이후 반일 의병활동을 배후에서 지원하며, 대한제국의 성립에도 역할을 하다.

무엇보다 왕비의 신분으로 궁궐 내에서 일본 폭도들에게 살해당한, 있을 수 없는 역사적 잔혹사의 주인공이 된 것은 금도를 한참 넘은, 간과할 수 없는 사실이다.

일본이 무기력하고 심한 충격에 빠진 고종을 위압하고 친일 내각을 조직하다. 이에 온 국민이 분개하는 가운데 러시아와 열강이 항의하자 미우라가 본국으로 소환되다.

흔들리는 고종, 러시아에 하릴없이 기대다

일본이 상투를 자르라는 단발령(斷髮令) 외에 군사제도 개편, 양력 사용 등 개혁령을 반포하니 곧 을미개혁이라, 온 국민이 격분하니 친일 김홍집 내각이 당황하고 일본이 궁지에 몰리다.

러시아 베베르 공사는 병력을 보충하고 이범진, 이완용 등 친러시아 인사를 중심으로 가까워지다가 때가 이르니 '대원군, 친일파

내각, 일본인들'에 의해 '고종 폐위 움직임이 있다'고 기망하여 러시아 공사관으로 고종과 왕세자 등을 옮기게 하니 곧 아관파천(俄館播遷)이라. 고종은 김홍집 총리와 친일 내각 인사를 역적으로 규정하고 처형을 지시하므로 결국 농상공부대신 정병하, 탁지부대신 어윤중 등이 광화문 앞에서 백성에게 맞아죽다.

친러파 내각이 들어서니 김병시가 내각 총리대신이 되고 이완용이 외부대신·학부대신·농상공부대신을 겸하면서 권력을 키우다. 러시아는 일본 공사 고무라와 러·일 협정을 맺고 국왕의 파천을 정당화하다. 일본은 친러 내각을 묵인하는 대신 한양과 부산간 전신선, 일본인 보호를 위한 군대 주둔을 얻었다.

러시아는 군사교관을 파견하고 알렉세예프를 재정 고문으로 하여 조·러 은행 설립 등 우리 내정에 깊숙이 간섭하다. 러시아는 철도와 재목 채벌 등 이권을, 미국도 경인철도 부설권과 서울의 전기·수도 시설권을, 프랑스는 경의철도 부설권, 독일은 강원도 당현 금광 채굴권, 영국은 평안도 운산 금광 채굴권을 가져가다.

서재필이 민주주의 이상을 품고 개화의 바람을 일으키다

갑신정변으로 미국에 망명한 서재필이 의학 공부를 하고 시민권을 받다. 박영효로부터 조선 상황 설명과 권유를 들은 뒤 미국 생활의 체험을 바탕으로 미국형 민주주의 이상을 품고 돌아오다.

서재필은 고종을 접견하여 환궁(還宮)을 건의하니 이미 백성들의 원성이 높던 차라 러시아 공사 베베르의 반대를 무릅쓰고 1년 만에 경운궁(지금의 덕수궁)으로 돌아오다.

고난 속에서도 자주적 정신을 가다듬은 고종은 '황제가 없으면 독립도 없다'라는 동양적 관념을 내세운 칭제건원(稱帝建元) 건의를 받아들여 대한제국을 선포하고 황제 즉위식을 가진 뒤 연호를 광무라 하다. 자주독립국임을 강조하여 지방 행정구역을 13도로 나누고 군사제도를 개혁하며 학교를 세우다.

독립협회와 만민공동회의 참정 요구에 따라 근대적 형태의 입법 기관을 모방하여 국왕의 자문기관으로 중추원을 설립하니 황제가 추천하는 관선 의관 25명과 백성이 선발하는 민선 의관 75명으로 구성하다.

서재필은 우리나라 첫 한글 신문이자 민간 신문인 《독립신문》을 발행하여 열강의 이권 쟁탈 상황을 널리 알리고, 독립문을 세웠으며 독립협회를 조직하다.

아관파천 이후 열강의 이권 침탈이 갈수록 심해지는 상황에서 조

데니 태극기, 국립중앙박물관

국새 대원수보, 국립중앙박물관

직된 독립협회는 정치개혁과 함께 이권(利權) 수호 운동을 전개하다. 즉 협회는 만민공동회를 열어 러시아의 절영도(부산의 영도) 조차(租借) 요구를 좌절시키고, 러시아가 파견한 군사교관과 재정고문을 철수시키고 한러은행을 폐쇄시키는 데 기여하다. 프랑스와 독일 등의 광산채굴권 요구도 저지하다.

만민공동회를 개최하면서 천부인권사상을 앞세워 신체의 자유, 재산권의 보장, 언론집회의 자유 등을 주장하고, 국민 주권론을 주장하며 군주의 권력을 제한하는 입헌 군주제와 의회설립을 추진하다.

> '백성마다 얼마만큼 하느님이 주신 권리가 있는데, 그 권리는 아무도 빼앗지 못하는 권리……'
> '하느님이 세계 인류를 낳으실 때에 사나이나 아낙네나 사람은 다 한가지라. 여성도 남성의 학문을 교육받고, 여성도 남성과 동등권을 가져 ……'
> -《독립신문》

만민공동회는 관민이 합력하여 황제의 권한을 강화하고, 외국과의 이권에 관한 조약과 최고위직인 칙임관(勅任官) 임명을 제한하는 등 내용의 헌의 6조를 조정에 요구하니 고종이 이를 받아들이려 하나 내각은 부정적이라.

'육대주와 동등하여 만국과 나란히 하는 것은 폐하의 권리이고, 폐하의 백성이 되어 폐하의 강토를 지키고, 그 정치를 거슬리고 법률을 어지러이 하는 신하가 있어서 종사를 해롭게 하면 탄핵하여 성토하는 것은 저희들의 권리입니다. 어떤 자가 민권이 성하면 군권이 반드시 줄어들 것이라 말하니, 그 무식함이 이보다 심함이 있겠습니까? 만일 오늘날 국민의 의논이 없으면 정치·법률이 따라서 무너져 어떠한 화가 일어날지 모르니……'
- 윤치호 등의 상소문

독립협회의 활동이 활발하자 위협을 느낀 내각은 친일파 무관 이기동을 움직이고 이기동은 친일 관리 길영수로 하여금 온 나라의 보부상패를 동원하여 황국협회를 조직하여 독립협회를 무력으로 제압하게 하니 충돌이 이어지다.

고종 황제는 갈피를 잡기 어려운 와중에 우선 무력을 쓰는 황국협회를 해산하고, 이어 정부 요직을 요구하는 독립협회 간부들을 체포 감금함으로써 어렵사리 개화와 민주의 바람을 일으킨 독립협회가 안타깝게도 해체되다.

러시아와 일본의 충돌 끝에 일본이 최종 주도권을 갖다

청·일 전쟁에 패배한 청이 쇠퇴해 가니, 의화단 등 비밀결사조직이 교회와 신부를 공격하는 등 대대적으로 기독교 탄압을 하면서 아울러 외국인들이 부설한 철도, 전신 시설을 파괴하며 외세를 배척하는 등 구국 운동으로 변질하다.

이에 러시아, 영국, 일본 등 8개국이 병력을 파견하고 연합군이 의화단을 진압하다.

각국이 병력을 철수하나 러시아는 철도와 거류민 보호를 이유로 사실상 점령 상태를 유지하니, 영국 외상 랜즈다운과 일본 주영국 공사 하야시 사이에 영일동맹을 맺고 러시아를 견제하다. 이때부터 영·일간에 일본은 한국을, 영국은 청국에서의 이권을 인정하고 '상대 나라의 전쟁에 중립을 지킨다'는 약속이 서다.

러시아가 황제에게 '목포와 마산을 해군기지로 쓸 수 있도록' 요구하니 일본 하야시 공사가 반대하는 한편 일본은 러시아의 극동함대를 기습하다. 곧 러일전쟁이라. 일본은 우선 요동반도 여순항구의 러시아 함대를 격침시키고, 인천 제물포항의 러시아 전함을 공격한 후 상륙하여 연전연승하다. 압록강 전투, 흑구대와 선양(만주 남부) 전투, 봉천(만주 심양) 전투에 이어 쓰시마 해전에서 일본은 도고 헤이하치로 제독이 이끄는 연합함대가 러시아의 발틱함대를 현해탄에서 전멸시키므로 종료되다.

러일전쟁. 르 쁘띠 주르날, 1904. 10. 2.

일본은 쓰시마 해전의 압도적 승리에도 불구하고 전쟁 수행 과정에서 재정 지출이 너무 커서 일본 수뇌부는 미국의 중재하에 러시아에 강화 협정을 요청하다.

미국 루스벨트 대통령이 나서서 강화회의를 열고[5] 사할린섬의 북위 50도 이남 땅을 일본에 넘기는 등 포츠머스조약을 맺으니 이로써 일본이 우리나라에서 절대적 우위를 점하다.

메이지 정부의 태정관지령문 그리고 불법 강점

〈태정관지령문(太政官指令文)〉이란 일본의 최고 행정기관이자 의결기구인 태정관에서 직접 작성한 가장 확실한 공식 문서다.

메이지 유신 이후 근대화 사업의 하나로 진행된 작업 과정 중 일본 내무성에서 지적(地籍)의 재정리 및 지도편찬 사업을 하면서 독도에 집착이 강한 시마네현[6]의 질의에 대해 태정관(太政官)이 내무성이 제시한 의견에 따라 '질의한 다케시마 외 한 섬의 건은 본방과 관계가 없음을 명심할 것'이라는 공문을 내무성과 시마네현에 하달하다. 이때 하달한 태정관지령에는 이를 설명한 '기죽도약도(磯竹島略圖)'까지 첨부하다.

한편 관보인 〈태정류전太政類典〉에는 같은 지령으로 '일본해 내의 다케시마 외 한 섬을 판도 밖으로 정함'으로 명시하니 울릉도, 독도가 일본의 판도(版圖, 영토) 밖이라는 점을 명확히 하다. 이는 이후 일본이 공식적으로 이 지령에 근거해 일본 어부들의 독도 출어를 엄격히 금지하는 등의 조치를 취하는 지침이 되다.

이로써 울릉도, 독도는 일본의 영토가 아니라는 점이 일본 정부에 의해 공식 확정되다.[7]

대한제국이 다시 한번 울릉도를 군으로 승격시켜 독도도 관할하게 하는 대한제국 칙령 제41호를 공표하다.

그러나 일본은 러일전쟁 중에 독도를 불법적으로 자국 영토에 편입시키니(시마네현 고시 제40호), 이는 국제법상 명백히 불법이고 무도한 영토침탈 행위이자 일본 제국주의에 의한 한국영토 강점(强占)의 서막이 분명하다.

> 울릉군수 심흥택의 보고에 따라 강원도 관찰사 서리 춘천 군수 이명래가 의정부 참정대신에게 보고서를 올리니
> '본 군 소속 독도가 바깥 바다 100여 리 밖에 있는데 본 3월 초 4일 배 한 척이 군내 도동포에 정박하여 일본 관인 일행이 관사에 와서 독도가 지금 일본 영토가 되었으므로 시찰차 왔다 라고 말하온 바 …… 이에 보고하오니 살펴 헤아리시기를 엎드려 바라옵니다.'

이에 참정대신 박제순이 지령을 발하기를

'보고는 잘 받아 보았다. 독도의 일본 영토설은 전혀 사실무근이니, 그 섬의 형편과 일인(日人)이 어떻게 행동하는지를 다시 조사해서 보고하라.'

이는 우리 국민이 칙령 제41호에 근거하여 독도를 명백한 우리 영토로 인식하면서 잘 관리하고 있었다는 증거다.

사진으로 찍힌 최초의 독도 전경. 19세기 후반

고난과 국권 강탈 속에
빛난 자주와
저항정신

청과 러시아를 이긴 일본은 이제 가파르게 주권 침탈을 자행하다. 하야시 공사는 철학 없이 무기력해진 조정 대신들을 협박하여 〈한일의정서〉를 조인하고, 일본 수상을 지낸 이토 히로부미가 특파대사로 들어와 러시아와의 조약을 모두 파기한 뒤, 윤치호 외부대신과의 외국인 용빙(傭聘) 협정을 통해 친일파 미국인 스티븐스와 일본인이 주도하는 고문정치를 시작하다.

이제 영국과의 영일동맹, 미국과는 가쓰라·태프트 비밀협약[8] 등을 통해 대한제국을 지배해도 좋다는 승인을 받은 일본은 송병준, 이용구 등 친일파를 이용해 일진회를 조직하고 기관지 《국민신보》를 발행하며, 헌병대가 경찰권을 장악하다.

한국의 외교권을 박탈하고 이토 히로부미의 주도하에 주둔군 하세가와의 포위와 위협 속에서 황제의 윤허도 없이 불법적이고 강압적으로 을사조약을 체결하다. 이 조약을 적극 찬성하고 성명한 이는 학부대신 이완용, 군부대신 이근택, 내부대신 이지용, 외부대신 박제순, 농상공부대신 권중현이니 을사오적(乙巳五賊)이라 불리다.

이에《황성신문》사장 장지연이 사설에 시일야방성대곡(是日也放聲大哭, 이날 목 놓아 통곡하노라)을 설파하고 이한응, 민영환, 조병세가 자결하다.

일본은 이 불법적 조약에 따라 통감부를 설치하고 이토가 초대 통감에 부임하여 전권을 주무르기 시작하다. 통감부가 사실상의 정부 부처 역할을 전행(專行)하고 울릉도와 백두산의 산림 채벌권, 광산 채굴권, 동서 해안 어업권, 철도 부설권, 통신·전신·우편·항해에 관한 권리를 빼앗다.

분개한 고종이 용기를 내어 헤이그에서 열린 만국평화회의에 이준, 이상설, 이위종에게 신임장을 주어 파견하여 의장을 접촉케 하나 외교권 없음을 이유로 참석을 거절당하다. 우리 대표들은 네덜란드 언론인 스테트의 도움으로 만국기자협회에서 '한국을 위하여 호소한다'라는 제하의 회견을 하니 이른바 헤이그 밀사사건이라. 이준이 현지에서 화병으로 세상을 뜨다.

이를 계기로 이토는 궁궐을 위협하며 고종을 폐위케 하고 황제 자리를 순종에게 불법적·자의적(恣意的)으로 이양하다. 분노한 국민이 경운궁(덕수궁) 대한문에서 저항운동을 펼치고 정동 군영의 군사도 합세하며 종로의 검찰 파출소를 습격하고 이완용, 이병무의 집을 불사르다.

이토가 정미 7조약이라는 한·일 신협약을 맺으므로 통감이 국내 정치까지 맡으며 일본인을 한국 관리로 임명케 하다. 나아가 이토는 경륜 없고 허약한 순종을 겁박하여 군대를 해산하니 박승환 등 군대가 격전을 벌인 후 의병들과 합세하여 오래도록 전국적인 의병 항거를 하다. 아울러 사법권을 빼앗는 기유각서를 맺다.

고통 속에 빛나는 저항의 불길, 안중근·이재명의 의거

외교 고문 스티븐스가 미국 샌프란시스코에서 장인환, 전명운에게 죽임을 당하고 이은찬의 500 의병이 경기도, 황해도 등에서 일본군과 싸우다가 그 세력을 만주와 연해주로 이동하여 투쟁하다.

조선 통감을 마치고 추밀원 의장이 된 이토 히로부미가 만주 하얼빈역에서 러시아 재무상 코코체프와 만나 아시아 문제를 의논하기 위해 왔다가 코코체프와 함께 러시아 의장대 사열 중 황해도 해주 출신 안중근[9]에게 암살되다.

이토가 승차한 동청철도는 장춘의 남장춘과 관성자역을 거쳐 채가구역과 하얼빈역에 도착하는 일정이라. 우덕순, 조도선이 채가구역에서, 안중근이 하얼빈에서, 연락책 유동하와 함께 작전을 펼치다.

안중근은 여순 감옥에서 고문과 재판을 받고 서른두 살에 죽기까지 영웅적 행보를 보이다. 자신은 한국 참모중장의 자격으로 일본과 독립전쟁을 한 것으로서 개인 자격이 아님을 끝까지 당당하게 주장하다.

안중근 의사는 여순 감옥에서 사형을 앞두고 이토 히로부미를 처단한 이유를 밝히고, 진정한 동양평화를 이루는 방안에 대해 설파하니
'일왕이 러일전쟁을 선전 포고하는 글에 '동양 평화와 대한 독립을 공고히 한다'라고 하였다. …… 슬프다! 가장 가깝고 가장 친하며 어질고 약한 한국을 억압하여 조약을 맺고 강점하였다. 지금 서양 세력이 동양으로 침략의 손길을 뻗어 오고 있는데 이 재앙을 동양이 일치단결해서 막아내는 것이 가장 중요함은 어린아이도 다 아는 일이다. 무슨 까닭으로 일본은 이러한 당연한 형세를 무시하고 같은 동양의 이웃 나라를 약탈하고 친구의 정을 끊어, 서양 세력이 애쓰지 않고 이득을 얻게 하려 한단 말인가.'
- 안중근, 〈동양평화론〉

안중근 의사가 사형을 보름 정도 앞두고 유언을 남기는 모습. 독립기념관

평양 출신 이재명 의사는 하와이에 살다가 귀국하여 명동성당 근처에서 이완용을 공격해 상하이를 입히고 암살은 미수에 그치다. 자신은 사형 언도를 받아 꽃같이 순국하다.

죽을 각오로 임한 의병의 희생정신

일본의 침략이 노골화될수록 전국적으로 의병이 일어나니 명성황후 살해 사건, 단발령, 러일전쟁 이후, 을사늑약, 고종황제의 퇴위, 군대 해산 등 사건과 고비마다 전국적인 의병의 투쟁은 강화되다.

프레데릭 아서 맥켄지가 어린 소년이 총을 들고 항일 의병투쟁에 나서게 된 사진을 게재하면서 이를 보도하니,
(외신 기자) "일본을 이길 수 있다고 생각합니까?"
(소년 의병) "이기기 힘들다는 것은 알고 있습니다. 우리는 어차피 싸우다 죽게 되겠지요. 그러나 좋습니다. 일본의 노예가 되어 사느니 자유민으로 싸우다 죽는 것이 훨씬 낫습니다."
- 맥켄지,《한국의 독립운동》

의병 전쟁이 확산되자 이인영을 총대장으로 한 13도 연합 의병부대(13도 창의군)가 결성되어 경기도 양주에 집결하여 서울 진공작전을 펼치기도 하다.

해외 동포에게 보내는 격문
'동포들이여! 우리는 함께 뭉쳐 조국을 위해 헌신하여 독립을 되찾아야 한다. 우리는 야만 일본 제국의 잘못과 광란에 대해 전 세계에 호소해야 한다. 간교하고 잔인한 일본 제국주의자들은 인류의 적이요, 진보의 적이다.'
- 대한 관동 창의대장 이인영

비록 서울진공작전이 실패하나 몰락 양반, 평민, 천민 출신 의병들이 중심이 되어 끊임없이 일제에 타격을 가하다.

일본의 남한 대토벌 작전으로 사로잡힌 호남 의병장들, 1909

박은식은 의병이 우리 민족의 정수(精髓)임을 강조하며,
'전술을 알지 못하는 유생이나 무기도 없는 농민이 순국을 각오하고 맨손과 맨주먹으로 적과 싸워 뼈를 들판에 파묻을지언정 조금도 후회하지 않았으니, 이것이야말로 오랜 역사적 전통 가운데 배양된 민족정신의 발로였다.'
- 박은식,《한국독립운동지혈사》

국권 강탈의 끝, 통한의 한일병합

새 통감 데라우치 마사다케가 부임 후 경찰권을 빼앗고 국권 강탈을 추진하다. 일본 총리 가쓰라와 외무대신 고무라가 마지막 한·일 병합을 계획하다.

일본의 사주하에 친일 매국조직 일진회가 대한제국 정부를 폐지하고 일본 정부가 직접 통치하라는 성명을 발표하다. 데라우치가 총리대신 이완용을 포섭하여 창덕궁 대조전에서 개최된 어전회의에서 이용직의 불참 하에 이완용, 이재면, 김윤식 등이 찬성하고 순종이 승인하므로 한일병합이 이루어지다.

이제 비운의 조선왕조는 518년 27왕을 끝으로 막을 내리다. 조약에 따라 조선총독부가 설치되고 가혹한 무단통치가 시작하다.

총칼 앞에 마주 선
조선의
깃발

11

탄압과 수탈 속에 타오르는 국내외 저항운동

힘을 뻗어가던 일본 제국주의는 통감부 대신 총독부를 설치하고 데라우치를 초대총독으로 세우며 헌병과 경찰을 강화하여 철저한 군국주의 통치를 시작하다.

일제의 식민지 침략이 심화하는 가운데 항일 비밀결사가 조직되니 곧 신민회라. 안창호, 양기탁, 신채호 등 많은 애국지사가 참여하다. 신민회는 '오직 新정신을 불러 깨우쳐서 新 단체를 조직한 후에 新국가를 건설한다'는 취지문을 밝히니 곧 공화정체(共和政體)의 근대국가를 지향하다.

'신민회의 목적은 한국의 부패한 사상과 습관을 혁신할 국민을 유신(維新)케 하며, 쇠퇴한 발육과 산업을 개량하여 사업을 유신케 하며, 유신한 국민이 통일 연합하여 유신한 자유 문명국을 성립케 한다고 말하는 것으로써, 그 깊은 뜻은 열국 보호하에 공화정체의

독립국으로 함에 목적이 있다.'
- 주한 일본 공사관 기록, 일본 헌병대 기밀보고

신민회는 대성학교와 오산학교 등을 세워 민족주의 교육을 실시하고, 회사와 태극서관 등을 설립하여 민족 산업의 육성에 노력하다.

그러나 국내 조직은 일제가 날조한 '국외 독립기지 건설 및 독립전쟁' 명목의 105인 사건(이승훈, 양기탁, 윤치호 등)으로 해산되고, 이회영, 이상룡 등 애국지사들은 남만주 유하현의 삼원보에 신한민촌과 신흥 강습소를 건설하는 등 국외 독립운동 기지를 건설하다.

신민회의 이승훈은 오산학교를 세우면서 '백성이 깨어나야 나라가 선다'고 강조하니

'나라가 기울어 가는데 그저 앉아만 있을 수 없다. 이 아름다운 강산, 조상이 지켜온 강토를 원수인 일본인에게 내맡길 수 있겠는가? 총을 드는 사람, 칼을 드는 사람도 있어야 할 것이다. 하지만 그보다도 더 중요한 것은 백성을 깨우치는 일이다. …… 내가 오늘 이 학교를 세우는 것도 후손을 가르쳐 만분의 일이라도 나라의 도움이 되기를 원하기 때문이다.'
- 오산학교 개소식 식사에서

서간도에 군관학교를 세우기 위해 자금을 얻으러 간 안중근의 사

신민회를 결성한 공립협회

촌동생 안명근이 민부자의 고발로 옥살이를 하다. 감시를 받던 안명근이 데라우치 총독을 암살하려 하다가 발각되어 실패하다. 이에 일제는 600여 명의 지도층 인사를 체포하고 그중 양기탁, 이승훈, 윤치호 등 105인을 징역에 처하니 이것이 105인 사건이라.

일제가 이 사건을 국외 독립기지 건설 및 독립전쟁 기도 사건으로 규정하니
'남만주로 집단 이주하려고 기도하고, 조선 본토에서 상당한 재력이 있는 사람들을 그 속에 이주시켜 토지를 사들이고 촌락을 세워 새 영토로 삼고, 다수의 청년 동지를 모집·파견하여 한인 단체를 일으키며, 학교를 세워 민족교육을 실시하고, 나아가 무관학교를 설립하여 문무를 겸하는 교육을 실시하면서, 기회를 엿보아 독립

전쟁을 일으켜 구한국의 국권을 회복하려고 하였다.'
- 105인 사건 판결문

훗날 부통령이 된 이시영의 여섯 형제도 만주 통화현으로 이주하고, 독립협회 해산 후 신민회를 만들었던 안창호는 중국을 거쳐 미국으로 건너가 흥사단을 만들다. 수많은 애국지사, 민족지도자들이 북간도로 떠나고 학교와 무관학교를 지어 후세교육과 무력투쟁에 대비하다.

해외의 독립운동과 별도로 나라 안에서도 독립의군부, 대한 광복회 등이 조직되어 해외 지사들과 연락을 하며 투쟁하다.

민족자결의 물결, 2.8독립선언과 3.1운동

오스트리아 황태자 부부가 사라예보(보스니아 헤르체고비나의 수도)에서 세르비아 청년에게 피살되면서 발발한 제1차 세계대전이 4년 반 만에 900만의 사람이 죽고 독일의 항복으로 끝이 나다.

전후 처리 과정에서 연합국 대표인 미국, 영국, 프랑스가 파리에서 평화회의를 개최하던 중 미국 윌슨 대통령이 주창한 민족자결주의가 세계 모든 식민지 국가는 물론 우리나라에 큰 영향을 미치다.

종로구 보신각 앞에서 벌어진 대규모 시위

상하이의 신한청년단이 김규식 등을 파리강화회의에 보내 독립을 호소하고, 미국 교포들이 월슨에게 청원서를 제출하다. 일본의 심장 도쿄에서도 조선인 유학생들이 크게 각성하니, 거사를 하기로 결의하고 조선청년독립단을 조직한 와세다대학의 학생 이광수가 〈독립선언서〉와 결의문을 짓다.

2.8일의 거사는 일본 경찰과 충돌하고 주모자급 40명이 구금되다. 그중 9명이 구속되었다가 법적투쟁 후 풀려나다.

2.8독립선언 후 유학생 송계백이 국내 지도자들에게 이 사실을 알리니 국내의 3.1운동에 지대한 영향을 주다.

국내에서도 조직망과 자금을 갖고 있는 천도교 계통의 권동진, 최인이 주도하다. 이들은 중앙학교 교장 송진우, 교사 현상윤, 김성수 등과 거사를 논의하고 천도교주 손병희의 궐기를 종용하다.

때마침 고종이 석연치 않은 이유로 승하하자 민족지도자들이 힘을 모으다. 천도교주 손병희가 권동진, 최인의 건의에 동의하고 기독교의 이승훈, 불교의 한용운이 합세하며 민족대표 33인을 선정하다. 육당 최남선이 독립선언서를 기초하고 한용운이 공약 3장을 첨부하다. 이 독립선언서는 현순, 정지환이 미국 대통령과 파리강화회의에, 임규, 안세환이 일본 총리대신과 정치인들에게 보내고, 민종익, 이갑성, 한용운 등이 전국에 전파하다.

드디어 3월 1일 태화관에서 독립선언서를 낭독하므로 3.1운동이 시작되니, 파고다 공원에서 중등학교 이상의 학생들 4, 5천 명 등 무려 50만 명이 참가하여 철저히 비폭력 정신으로 전개되다.

이화학당에 재학 중이던 유관순이 만세시위를 주도하다가 고향 천안에 돌아가서 사촌언니 예도와 함께 천안·연기·청주·진천 교회와 어른들을 설득하여 공감을 얻은 후 아우내 장터에서 만세 시위를 하다가 헌병과 충돌하다.

유관순은 모진 고문과 함께 법정에서도 만세를 부르는 등 투쟁하다가 죽으니 이화학당 프라이 교장이 강하게 요구하여 시신을 회수하다.

제국의 만행이 하늘을 찌르다

잔혹한 침략자 일본이 경기도 화성 제암리교회에서 기독교인, 천도교인 30여 명을 살상하고 가옥에 불을 지르다.

전국에서 평화로운 독립만세 시위에도 불구 1542회 202만 3000명이 참여하고 7509명이 사망하였으며 1만 5961명이 부상당하

국무원 성립 기념촬영, 1919.10.11, 도산안창호기념관

대한독립선언서, 국가기록원

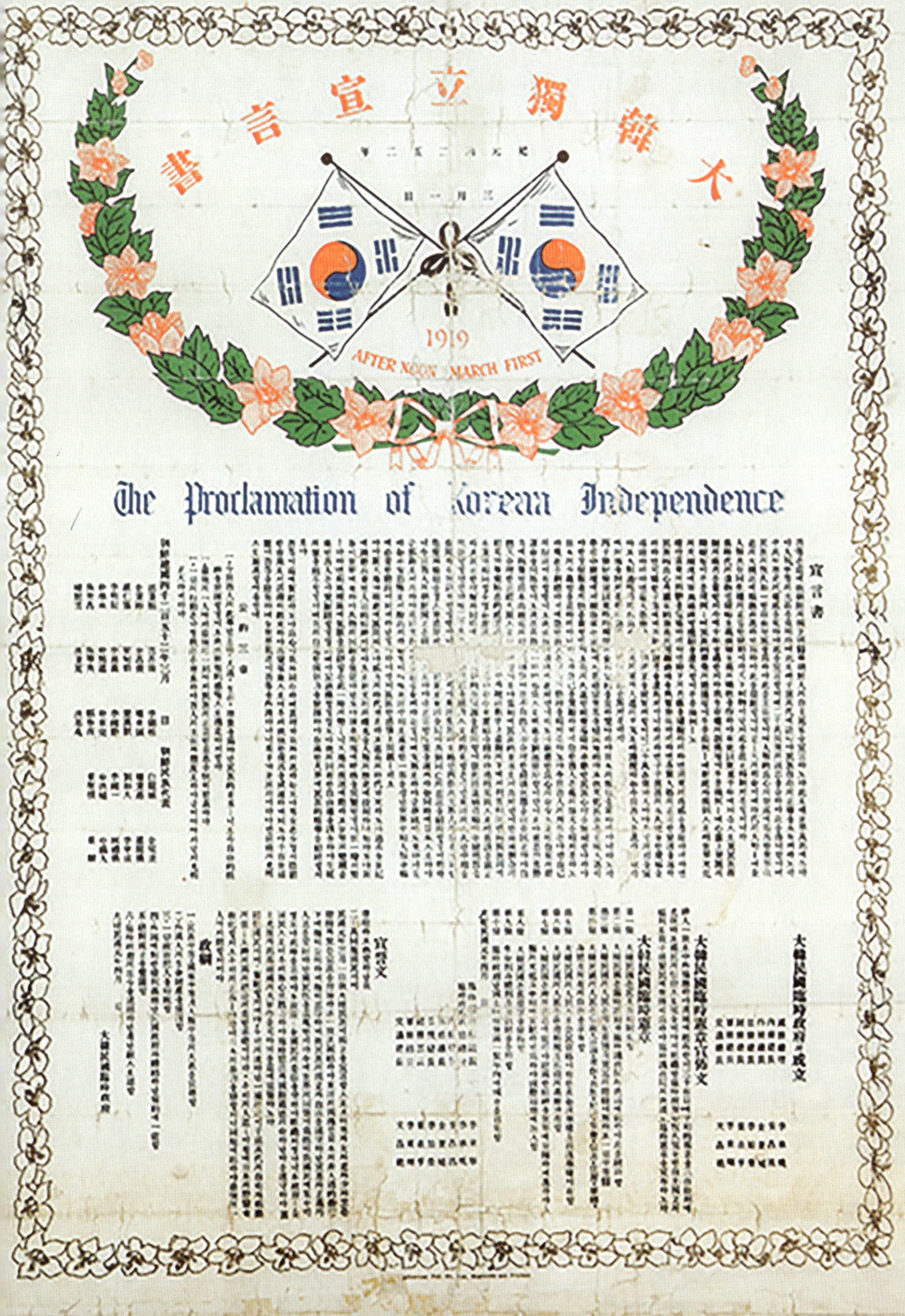
大韓獨立宣言書
1919
AFTER NOON MARCH FIRST
The Proclamation of Korean Independence

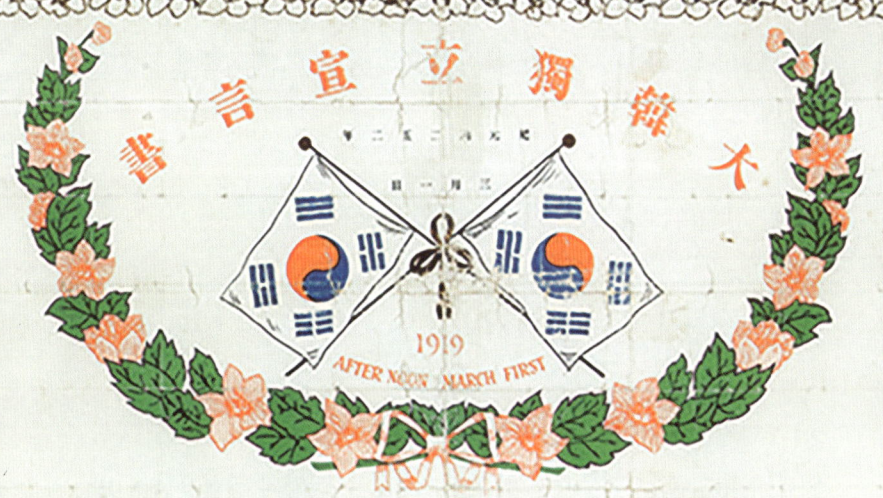

다. 4만 6948명이 체포되다. 불탄 교회만도 47채, 학교 2채, 가옥은 715채에 달하다.

2천만 한민족에게 일본을 증오하는 마음이 더하다.

새로운 정신적 지주, 상하이임시정부

3.1운동의 후폭풍으로 중국 상하이에서 신규식, 박용만 등 14인이 한일병합조약의 무효를 선포하고, '주권 행사의 권한을 위임받는 임시정부를 만들어야 한다'는 '대동단결의 선언'을 하다.

이 선언에 따라 이승만을 임시 대통령으로 하고, 이동휘, 박용만, 이동녕, 이시영 등이 이끄는 임시정부가 서니, 국호를 대한민국이라 하는 등 국권 피탈 후 민족적 정통성을 잇더라.

국내에서 선우혁, 서병호 등이, 일본에서 이광수가, 러시아에서 여운형 등이 참여하다. 그 외에 김동삼, 조완구, 조영진, 조용은, 조소앙, 안창호 등이 참여하다.

임시정부는 민주공화제를 표방하고, 대한민국의 주권은 대한 인민 전체에 있음을 분명히 하며, 삼권분립의 원칙에 따라 입법기관인 임시 의정원과 행정기관인 국무원, 사법기관인 법원을 구성하니 '황제의 나라' 대한제국에서 '국민의 나라' 대한민국으로 가는 그 첫걸음을 내딛다.

> 유구한 역사와 전통에 빛나는 우리 대한 국민은 3.1운동으로 건립된 대한민국임시정부의 법통과 불의에 항거한 4.19 민주이념을 계승하고 ……
> - 대한민국 헌법 전문

대통령 이승만이 민주주의를 강조한 반면, 부통령이던 이동휘가 무산대중과 노동자, 농민을 강조하니 점차 공산주의자가 되어 소련에서 받은 자금을 고려공산당 조직기금으로 쓰다가 임시정부에서 이탈하다.

임시정부는 연통제라는 비밀 행정조직을 운용하고, 교통국을 두어 정보수집과 독립운동 자금을 모집하다.

임시정부는 한편 해외 각지에 외교위원회를 설치하고 독립을 승인받기 위해 활동하니 손문을 수반으로 하는 중국 정부의 승인을 받고, 소련의 레닌으로부터 독립운동 자금을 지원받기도 하다.

이국에서 번지는 저항의 물결

3.1운동 이후 국내에서는 천마산대, 보합단, 구월산대 등 독립군이 조직되어 일제 군경과 전투를 벌이다.

중국과 만주, 간도[2] 등에서 대한민국임시정부 외에도 조선청년동맹, 광복군, 대한독립군, 군정서 등 수많은 단체가 독립운동을 이어가다.

독립군의 국내 진입작전에 시달리던 일본군은 대대병력으로 두만강을 건너 독립군을 공격하니 홍범도의 대한독립군, 안무의 국민회군, 최진동의 군무 도독부군 등이 연합부대를 형성하여 일본군을 중국 길림성 왕정현의 봉오동 골짜기로 유인하여 큰 승리를 거두니 곧 봉오동전투라. 일본군이 157명 사살되고, 300여 명이 부상을 입은 데 비해 독립군 전사자는 4명뿐이라.

봉오동전투에서 참패한 일본군은 중국군의 손을 빌려 독립군을 토벌하려다가, 중국군이 먼저 독립군과 비밀리에 교섭하여 독립군이 길림성으로 떠나버리자, 일본군 19사단을 주축으로 하여 간도의 조선인들을 무차별로 살인, 체포, 강간, 방화하니 곧 간도참변이라. 이때 우리 동포만 해도 3016명이 사망하다.

봉오동전투 이후 일본은 대규모 병력을 동원하여 만주의 독립군을 공격하다. 북로군정서를 이끌던 김좌진 장군과 홍범도가 이끄

청산리전투 직후 북로군정서

는 독립군의 연합부대는 장백산맥 청산리에서 비전투원까지 포함한 2500명의 독립군을 이끌고 10여 차례에 걸친 크고 작은 전투에서 육군소장 아즈마 마사히토가 이끄는 3개 사단과 만철수비대로 연합한 5만의 일본군을 대파하니, 곧 청산리대첩이라. 이 전투로 연대장 1명, 대대장 2명, 기타 1254명의 사상자가 발생하다. 우리 독립군 사상자는 전사 60명, 부상 90명이라. 일본은 이 치욕적인 싸움에 대한 보복으로 만주 전역에 걸쳐 무자비한 만행을 자행하다.

일본군 격퇴 후 독립군 주력부대 4천여 명이 서일을 총재로 대한독립군단을 조직하고 시베리아로 이동하나, 러시아 혁명군대인 적군(赤軍)이 '약소민족의 독립운동을 지원한다'는 처음의 약속을 어기고 지휘권 양도를 요구하자, 이를 거부하는 한인 부대를 공격하여 수백 명이 희생되니 곧 자유시(自由市) 참변이라.

홍범도의 빛나는 승리, 그리고 그림자

홍범도는 평양부 출신으로 '차도선'과 함께 포수들이 중심이 된 의병부대를 조직하여 함경도 개마고원 일대에서 치열한 항일투쟁을 전개하고 수십 차례 전투에서 연승을 거두다. 홍범도의 의병부대는 일본 관헌, 친일 세력, 부패관리 및 탐학한 부자도 응징하여 일반 민중들의 큰 환영과 성원을 받다.

이후 한국통감부 등 일본 당국의 토벌과 탄압으로 중국 동부지방(만주)으로 건너간 뒤 다시 연해주로 망명하여 권업회 등 여러 독립운동단체에 참가하다. 연해주 일대에서 독립군 병사 200여 명을 조직하고 중국 연변(북간도 혹은 동간도로 불리다)으로 이동한 뒤 두만강 연안에서 여러 번의 국내 진입작전으로 일본 군경과 치열한 전투를 벌이다.

홍범도는 대한북로군독부 예하 북로 제1군 사령부장(부사령관)으로서 봉오동전투에서 일본군을 격파하여 대승을 거두고, 4개월 후에 벌어진 청산리전투에서도 북로군정서를 이끈 김좌진 장군과 함께 참가하여 대승을 거두다.

이후 흑룡강(아무르강)의 국경지대에서 집결한 항일단체들의 통합을 주도하여 대한독립군단을 조직, 부총재가 되고, 이르쿠츠크(시베리아에 있는 러시아 도시)로 이동한 후에 레닌 정부의 협조를 얻어 고려혁명군관학교를 세우다. 홍범도는 후에 소련의 공산당(볼셰비키당)에 입당하고 연해주의 협동조합에서 일하다. 이후 스탈린이 연해주 지역에 살던 한국인 수십만 명을 약 6천 킬로미터 떨어진 황량한 중앙아시아로 강제 이주정책을 시행하자 연해주의 한인들과 함께 이주하여 카자흐스탄에 정착하고 여생을 마치다.

일본 관동(도쿄도 등을 포함한 미나미칸토 지역)을 중심으로 한 관동에서 대지진이 일어나고 10만의 사망자와 4만 4천 명의 행방불명자가 나오는 등 민심이 흉흉해지자 일본 당국과 언론은 '조선인이 방화했으며, 우물에 독약을 뿌려 일본인을 살해하며, 일본여인을 강간한다'는 등의 유언비어를 날조하여 퍼뜨리므로 흥분한 일본인들에 의해 6천 명 이상의 희생자가 발생하니 형언하기 어려운 비참한 형국이더라.

위장된 문화정책 속에 싹튼 언론과 무장 투쟁의 불꽃

조선의 3.1운동에 놀란 일본이 사이토 마코토 대장을 3대 총독으로 임명하고 문화정치를 내세우며 회유하려 하다. 헌병 경찰이 아닌 보통 경찰제도를 시행하고, 한국인을 관리로 등용하며, 민간 언론기관도 허가하기로 하니 조선일보, 동아일보, 시사신문 등이 창간되다.

의사 강우규는 남대문역에서 새로 부임하는 사이토를 암살하려고 폭탄을 터뜨리나 실패하다. 결국 자신과 일행들은 투옥되어 일부는 고문 끝에 옥사하고 자신은 의연히 사형에 처해지다.

부산 출신 박재혁은 상해, 싱가포르 등에서 독립투사들과 사귀고 상하이에서 의열단에 입단한 자라. 중국인으로 가장한 박재혁은 보물급 책을 기증한다는 명목으로 부산경찰서장에게 접근하여 폭탄을 터뜨린 후 자신은 구속되어 단식하다 세상을 떠나다.

평남 강서 출신 김익상은 철혈단에 가입한 자로 사이토 총독 암살을 지령받고 조선총독부 건물을 일부 파괴하고 이후 육군 다나카 기이치 대장을 암살하려다가 실패하고 죽음을 맞다.

경북 안동 출신 김지섭은 일찍이 초등학교 선생을 하다가 만주, 상하이로 가서 의열단에 가입하다. 관동대지진으로 무차별 학살되었다는 소식에 분노하여 도쿄로 가서 천황이 사는 궁에 폭탄을 던지고 복역하다가 옥중에서 순국하다.

서울 출신 김상옥은 혁신단을 조직하고 암살단을 조직하여 활동하다가 발각되어 상하이로 망명, 의열단에 가입하고 군자금을 모으고 정세파악을 수행하다. 이후 서울에 잠입하여 종로경찰서에 폭탄을 투척, 많은 경찰을 죽이다. 피신 중 경찰과 교전 중에 자결하다.

황해도 재령 출신 나석주는 만주 간도에서 무관양성 교육을 받고, 상하이임시정부 경호원을 거쳐 중국군 장교로 근무한 자라. 김구의 의열단에 가입하여 중국인으로 가장하고 입국하여 조선의 땅을 수탈하는 식산은행에 폭탄을 터뜨렸으나 실패하고 동양척식회사에 폭탄을 투척한 후 목숨을 끊다.

서울 용산 출신 이봉창은 김구의 한인 애국단에 가입한 자라. 만주에 있는 일본의 괴뢰정권 푸이 황제가 일본을 방문, 요요기 연

광복 이후 만난 의열단원, 의열 기념관

조선총독부 총독관사

병장에서 거행된 일본 천황 히로히토와의 육군 관병식에서 천황이 탄 마차에 폭탄을 던지고 이치가야 형무소에서 서른세 살에 순국하다.

중국 신문에서 이 사건을 대대적으로 보도하자[3] 일본이 상하이사변을 일으켜서 무차별 폭격하니 수많은 백성의 목숨을 빼앗다. 외국 영사단이 중간에 서서 어렵게 휴전을 시켰으나 중일전쟁의 요인이 되다.

충남 예산 출신 윤봉길 의사는 스무살 어린 나이에 《농민독본(農民讀本)》이라는 책을 펴내고 부흥원, 월진회 등을 만들어 농촌부흥 운동과 자활 운동을 한 선구적 인물이다.

윤봉길은 스물세 살에 상하이로 떠나 임시정부 김구 주석을 만나 협의하고 홍구공원에서 개최된 천황 생일과 상하이 전승을 기념하는 자리에서 시라카와 군사령관, 노무라 함대사령관, 무라이 총영사, 가와바타 거류민 단장 등 수많은 요인들에게 폭탄을 투척하고 자신은 군법회의를 거쳐 순국하다.

이 사건이 일어나자 중국의 장제스 총통은 '중국의 백만 군대가 못한 것을 한 사람이 해내었으니 장하다'고 치하하다.

조선왕실이 끝나도
　혼을 담은 저항은
계속되다

조선왕조의 마지막 제27대 임금 순종이 창덕궁에서 한 많은 세상을 떠나고 도쿄에 있는 영친왕이 계승하였으나 조선 왕실은 사실상 종언을 고하다.

순종의 장례식날 다시 한번 큰 만세운동이 있으니 6.10만세운동이라. 세 갈래 계열이 있으니 노총 계열은 사전에 발각되어 실패하고, 사직동 계열은 연세전문, 경성제대, 기독교청년회관 등이 주동이 되어 태극기와 격문을 배포하다. 통동 계열은 중앙고보, 중동고보 등이 주동이 되어 격문 3만 장을 각 학교에 전파하다. 장례 행렬이 종로 단성사 앞에 이르자 만세운동이 시작되어 온 서울에 번지니 200여 학생들이 체포되다.

한편, 광주에서 나주로 가는 열차 간에서 일본인 학생들이 광주여고 학생들을 희롱하자 광주고보 학생들이 항의하면서 갈등이 심화하다. 며칠 후 광주역 앞에서 전쟁과도 같은 큰 싸움이 벌어지니 기마경찰과 소방차까지 출동하다.

이어 광주고보, 농업학교, 사범학교가 일어서고 목포상고와 나주고보 학생들도 잇따라 시위하니 서울까지 번져서 경성제대, 제2고보 등이 궐기하고 온 나라에 퍼져서 학생운동이 한동안 지속하다. 전국으로 퍼져나간 이 광주학생운동은 3.1운동 이후 최대의 민족 투쟁이 되다.

✦ 새벽이 움트고,
　크고 밝은 빛이
　일어나다

문화탄압 가운데 민족의식이 일어나다

일제의 폭압에 대항하기 위해 언론계, 불교계, 천도교계, 기독교계 등의 민족주의 진영과 사회주의 진영이 연대하여 민족 합동 전선으로서 최대 규모의 항일단체인 신간회가 조직되다.

이상재가 초대 회장이 되어 발족 즉시 대중의 열렬한 지지를 받아 지회가 143개, 회원이 2만 명에 이르는 대중적 정치·사회 단체로 성장하여 강연회와 연설회를 개최하고 민족의식을 고취하다.

신간회는 소작노동 쟁의나 동맹 휴학 지원, 만주 독립군 지원, 수재민 구호 등 활동을 전개하여 민족의 의사를 대변하다.

총독부도 처음에는 민족주의자들을 일괄 관리하기 위해 조직을

신간회 울산지회 설립 1주년 기념, 1929. 4. 21

허락하였으나 신간회가 자주성을 강조하는 강연회를 여는 것은 물론, 광주학생 항일 운동 때 사건의 진상을 조사하고자 대규모 범민족대회를 열고자 하니 3.1운동의 전례를 두려워하여 전격 해산시키고 간부들을 구속하다.

사회주의자들이 신간회의 '기회주의자를 배격한다'는 처음 강령과 달리 신간회의 해소(解消)와 노동자·농민의 계급투쟁을 주장하므로 민족주의 진영과 사회주의 진영의 합동전선이 무너지다.

이후 민족주의 진영은 문화, 학술 운동에 주력하고, 사회주의 계열은 혁명적 농민·노동조합을 결성하여 반제국주의 항일투쟁을 전개하다.

잇따라 창간된 조선일보, 동아일보, 시대일보의 활동이 자주독립과 민족의식을 일깨우자 총독부가 민감하게 반응하며 압수, 정간, 휴간을 반복하다. 동아일보는 318회, 조선일보는 288회, 시대일보가 176회 압수당하다.

동아일보는 독일 베를린에서 열린 제11회 올림픽에서 양정고보 학생 손기정이 마라톤에서 일본 대표로 일장기를 달고 우승하자 일장기를 지우고 보도하다. 이 보도는 큰 파장을 일으키면서 민족의 애국심과 저항심을 고취시키다. 동아일보는 '민중 속으로'라는 의미의 브나드로 운동을 펼쳐 문맹을 퇴치하는 데 주도하다.

훈민정음 반포 480주년을 맞아 가갸날로 정하고 기념식을 갖은 뒤 조선어학회를 만들다. 학회에서 《조선어사전》을 편찬하기 시작하다.

일본 경찰이 함흥 영생여고 박영옥의 일기장을 검사하다가 '일본어 쓰는 자를 처벌하다'는 글을 구실삼아 조선어학회를 해체하니 29명이 구속되고 그중 11명이 징역형에 처해지다.

학교 수업에서 우리 국어, 역사, 지리 시간을 없애는 등 탄압하던 중에도 박은식이 《한국통사》, 《한국독립운동지혈사》를 편찬하고, 신채호가 《조선상고사》를 쓰는 등 역사의 맥을 살리다. 이병기, 이병도, 이선근 등이 진단학회를 만들어 역사를 연구하다가 해체되다. 정인보는 일본의 탄압 속에도 동아일보에 '조선의 얼'을 연재하다.

이상재, 이승훈 등이 주도하여 조선민립대학을 창립하려 하자 일본이 강압적으로 중단시키다. 김성수가 보성전문학교를 인수받아 고려대학교로 발전시키다.

이에 일본이 위기의식을 느끼고 경성제국대학을 세우되 이공계는 없고 법학부와 의학부만 두다. 뜻있는 학생들은 외국으로 유학하다.

조선총독부의 억압에도 최남선이 《소년》을, 김동인, 주요한, 전영택 등이 《창조》를, 염상섭, 현진건 등이 《개벽》을, 김억, 오상순 등이 《폐허》를 홍사용, 이상화, 현진건 등이 《백조》를 창간하다.

도쿄 유학생들이 주도하여 극단 토월회를 조직, 연극을 공연하고, 나운규가 영화 〈아리랑〉을 제작하다.

방정환 선생이 어린이는 나라의 보배라는 주제로 색동회를 만들고 색동회는 첫 번째 어린이날 기념식에서 어린이 헌장을 발표하다.

일제가 조선사 편수회를 통해 식민사관을 주입하며 우리나라는 반도국가로써 대륙세력과 해양세력의 간섭이 불가피하다며 자신들의 한국 강점(强占)과 식민 통치를 합리화하면서 '한국 역사는 왕조가 바뀌면서도 역사의 발전이 정체되어 있고, 중세 봉건사회를 거치지 못했기 때문에 자본주의를 발전시켜 근대화할 수 없다'고 주장하다. 이에 박은식, 신채호 등은 자주적으로 민족정신을 바로 세우면 언젠가 독립을 이룰 수 있다고 하는 민족주의 사학을 정립하다.

> 민족주의 사학자 박은식은 민족정신으로서 '조선 국혼'을 강조하면서 말하기를
> '옛사람이 말하기를 나라는 멸망할 수 있으나 그 역사는 결코 없어질 수 없다고 했으니, 이는 나라가 형체라면 역사는 정신이기 때

영화 아리랑 포스터

문이다. 이제 우리나라의 형체는 없어져 버렸지만, 정신은 살아남아야 할 것이다. 이것이 내가 역사를 쓰는 까닭이다. 정신이 살아서 없어지지 않으며 형체도 부활할 때가 있을 것이다.'
— 박은식,《한국통사》

또한 정인보, 문일평, 안재홍 등은 '문화가 살면 민족은 죽지 않는다'는 신념 아래 조선학 운동을 전개하다.

마르크스 유물사관의 영향을 받은 백남운은 우리 역사도 서양이나 일본처럼 '고대 노예제 사회, 중세 봉건사회, 근대 자본주의 사회의 단계를 거치며 발전했다'고 기술하면서 '세계사적인 일원론적 역사법칙에 의해 다른 민족과 거의 같은 궤도로 발전과정을 거쳐왔다'고 하는 사회경제 사학을 세우다.

경제적 민족주의 운동이 활발히 일어나며 경성방직주식회사를 필두로 메리야스 공업, 양말 공업, 고무신 공업 등과 같은 한국인 기업이 일어나니 우수한 일본기업과 경쟁하다.

이에 조만식 등이 중심이 되어 물산장려운동을 확산시키니 '내 살림 내 것으로', '조선 사람 조선 것' 등의 구호를 앞세우며, 민족산업 보호와 육성을 위해 토산품 애용, 근검저축, 금주·단연 등 계몽운동이 이어지다.

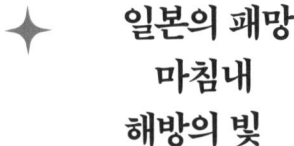 **일본의 패망
마침내
해방의 빛**

일본군부는 만철[4] 폭파사건(유조호柳條湖 사건)[5]을 구실로 만주 일대를 점령하는 만주사변을 일으키고, 노구교(盧溝橋) 사건[6]을 꾸며서 중일전쟁을 일으키다.

일본은 추축국 독일, 이탈리아와 동맹을 맺고 미국의 진주만을 공격함으로써 태평양전쟁을 일으키니, 독일의 히틀러와 함께 세계를 전쟁으로 몰아넣다.

우리 백성은 8대 총독 미나미 지로의 잔인한 탄압 속에 '황국신민의 서사'를 외워야 했고, '창씨 개명'으로 일본식 성을 써야 했다. 또 전국에 신사를 세우고 백성들은 신사에 참배해야 하는 악행을 저지르다.

태평양전쟁이 발발하자 우리 백성은 전쟁터로 나가고 전쟁물자 동원에 착취당하다. 수많은 조선인이 침략전쟁의 소모품으로 내몰리다. 특히 징용, 징병 등으로 끌려간 젊은이와 일본군 위안부로 끌려가 '성노예 생활'을 강요받은 젊은 여성들이 겪은 고통은 이루 헤아릴 수조차 없으니 이는 국권을 상실한 식민지의 처참한 비극이다.

전쟁 초기 일본이 진주만 공습에 이어 동남아를 휩쓸다. 맥아더 사령관은 필리핀에서 오스트레일리아로 후퇴하다가 태평양의 도서를 하나하나 회복하고, 큰 전투가 있었던 일본대륙 인접 이오섬에 상륙한 뒤 이오섬 공군기지에서 출격하여 도쿄를 포함한 일본 본토를 전격적으로 폭격하다.

유럽 전선에서는 영국이 전투기 편대로 독일군에게 반격하고 몽고메리 원수의 지휘하에 '사막의 여우' 롬멜 전투군단을 파괴하다. 아이젠하워 사령관과 참모들이 유럽 수복 대작전을 세우다. 패튼 장군의 전차군단이 이탈리아 상륙작전에 성공하다.

이집트 카이로에서 중국의 장제스, 미국의 루스벨트, 영국의 처칠이 회담에서 일본의 무조건 항복과 조선의 독립을 선언하니 곧 카이로 선언이다.

유럽에서 연합군이 프랑스 노르망디 상륙작전에 성공하고, 독일을 압박하므로 히틀러가 스스로 목숨을 끊고 독일이 패망하다.

태평양전쟁 말기에 등장한 일본의 가미카제 특공대

독일 포츠담에서 미국 트루먼, 영국 처칠, 소련 스탈린이 회담하면서 카이로회담의 선언 내용을 다시 확인하니 곧 포츠담 선언이라.

드디어 역사상 처음으로 히로시마와 나가사키에 원자폭탄이 투하되다. 히로시마에서 사망자만 7만 명, 부상자 13만 명이 발생하다.

소련이 일본과의 불가침조약을 어기고 일본에 선전포고를 한 뒤 소련과 만주 국경을 넘어 관동군을 공격하다.

드디어 일본이 항복선언을 하고 아베 총독도 하지 중장에게 항복문서를 쓰다.

우리나라 임시정부도 중국 정부의 지원을 얻어 이청천을 총사령관, 이범석을 참모장으로 한 광복군을 조직하고 중일전쟁은 물론 태평양전쟁에서 영국, 미국, 중국 연합국 군대와 함께 일본군을 상대로 투쟁을 벌이다.

특히 일본에 학병으로 끌려갔다가 도망쳐 온 장준하, 김준엽 등을 중심으로 우리나라 회복 전쟁을 준비하다가 전쟁이 종료되자 국제간의 정부 승인을 얻지 못해 이들은 개인 자격으로 고국에 돌아오다.

광복
대한민국의
새로운 출항

12

남북 세력균형 속에
　　들어선
　　빛과 그림자

　　　　　한반도에 빛이 비치던 날 맥아더 장군은 열강의 합의 하에 북쪽에는 소련군, 남쪽은 미군이 들어서게 됨을 발표하다.

소련의 치스차코프 대장은 독립투사 김일성 이름으로 개명한 소련군 소좌 33세의 김성주를 내세워 북조선 인민위원회를 조직하고 북쪽에 지배체제를 구축하다. 김일성으로 변신한 김성주는 평생 독립운동에 헌신한 조선일보 사장 출신 조만식 선생을 회유하다가 연금하고 결국 숙청하다.

서울에 들어온 주한미군정 사령관 하지 중장은 아놀드 중장으로 하여금 군정장관을 맡게 하다. 맥아더의 전용기를 타고 미국에서 귀국한 70세의 이승만 박사가 '미·영·소 3국 간의 얄타밀약을 폭로하고 남북 간의 38선과 신탁통치를 반대'하면서 중앙청에서 연설하니 '뭉치면 살고 흩어지면 죽습니다. 우리는 하나로 뭉쳐야

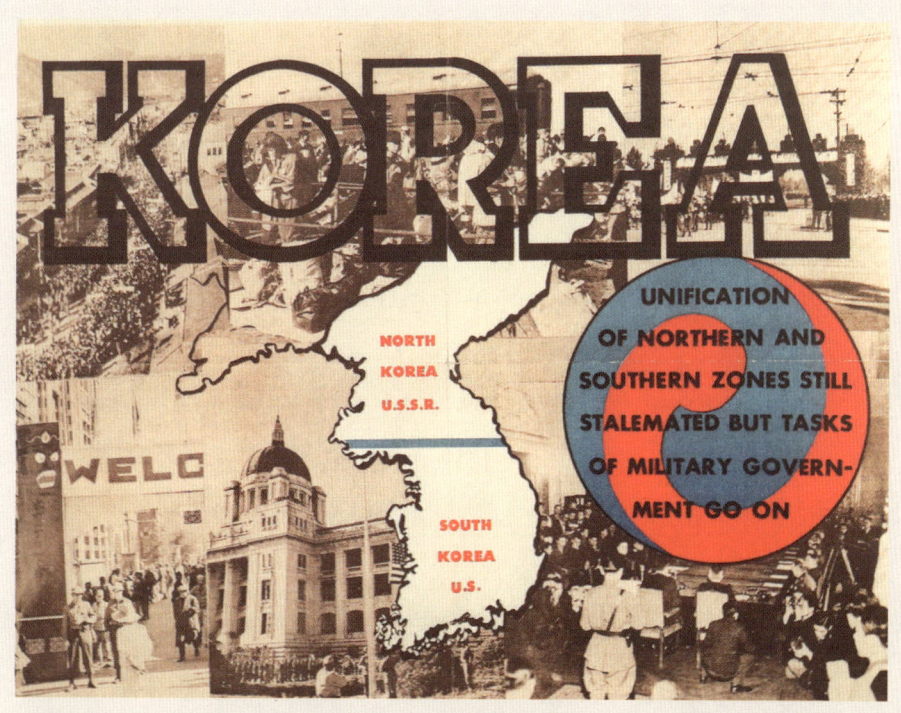

미군정 포스터, 1946

몽치면 살고 헤치면 죽는다. 해방 기념 4278.8.15.

합니다.'

상하이임시정부 김구 주석, 김규식 부주석은 중국 장제스 총통의 배려로 특별비행기를 타고 김포공항에 돌아오다.

북한 신의주에서는 학생들이 반공(反共) 의거를 일으키다.

미국, 영국, 소련 세 나라의 외무장관들이 모스크바에서 '미, 영, 중, 소 4개국의 최장 5년 신탁통치와 미·소 공동위원회 설치, 임시정부 수립, 38선 획정'을 합의, 발표하다(일명 모스크바 삼상회의).

모스크바 3국 외무장관회의에 관한 동아일보 기사에서는 '소련은 신탁통치 주장, 소련의 구실은 38선 분할 점령, 미국은 즉시 독립 주장'이라 보도하다(그러나 실제로는 회의에서 미국도 10년의 신탁통치를 제안하다). 결국 회의 결과가 공식 발표되기도 전에 신탁통치를 강조한 이 보도 때문에 '신탁통치 반대' 여론이 조성되다.

운명의 38선, 남북 간 갈등과 충돌의 씨앗이 되다

오키나와에 주둔하던 미국은 소련의 한국 단독 점령을 우려하며 서울 이북의 38도선을 경계로 한반도를 분할 점령하자고 소련에 제안하다.

> 사실 시간이 없었다. …… 서울을 포함시켜야 했기에 38도선을 건의하였다. …… 소련이 더 남쪽 선을 고집할 것으로 예상한 나는 소련이 38도선 안을 받아들였다고 들었을 때 약간 놀랐다.
> - 38도선 제안에 참여한 미 육군 작전국 장교 러스크

이어 일본이 항복하자 '조선총독부'에게 미군이 진주할 때까지 38도선 이남에서 총독부 체제를 유지하라고 지시하다. 이후 3년여에 걸친 미·소 군정이 실시되고 미·소 냉전이 격화되면서 민족의 분단선이 되다.

남한에서는 민족주의 지도자들이 국민총동원위원회를 조직하고 신탁통치는 '한국의 자주권을 부정하는 결정'이라고 반대하는 시위를 하다. 한편 조선 공산당 등의 좌익세력은 처음에는 신탁통치 반대를 하다가 갑자기 찬탁으로 돌아서다.

1차, 2차 미소 공동위원회가 임시정부 수립 협의 대상에 신탁통치 반대 세력의 참여 여부(소련은 신탁통치 반대 세력의 참여 반대, 미국은 포함) 이슈로 결렬되고, 한편 여운형(중도 좌익 계열)¹, 김규식(중도 우익)² 등 중도파는 좌우 합작 운동을 전개하면서 '모스크바회의 결정(신탁)에 따른 임시정부 수립', '유상 몰수와 무상 분배 원칙하의 토지 개혁', '반민족 행위자 처벌' 등을 합의하다.

이에 김구는 여운형 등이 주도한 좌우합작 합의가 '8·15 이후 민족이 거둔 최대 수확'이라며 지지한 반면, 이승만과 한국민주당은 좌익과의 협조 자체를 거부하고, 박헌영은 '무상 몰수·무상 분배의 토지 개혁'과 '친일파 즉각 청산'을 요구하며 반대하다.

민족지도자들이 비상국민회의를 소집하고 '이승만과 김구'로 하여금 최고정무위원회를 구성하도록 했으나 좌익세력이 거절하다.

미군정청이 다시 민주 진영 지도자들을 모아 민주의원을 구성하고 의장에 이승만, 부의장에 김규식, 김구를 선출하다.

공산주의자들은 '민주주의 민족전선'을 만들다. 박헌영을 비롯한 공산주의자들이 테러와 파괴, 위조지폐를 발행하는 등 암약하다가 미 군정청의 감시가 높아지자, 지하로 숨어들어 철도, 전기, 해운 등의 노동자들을 부추기고 파업을 주도하다.

사회가 극도로 혼란한 가운데 동아일보 사장이자 한국민주당[3] 당수이던 송진우(찬탁으로 전향), 초대 조선인민공화국 부주석이던 여운형[4], 한국민주당 발기인이자 동아일보 취체역이던 장덕수[5] 등이 암살을 당하다.

미소 공동위원회의 결렬에 따라 한국 문제를 유엔에 가져가기로 하다. 유엔총회에서는 한국의 독립을 찬성하고 남·북한 인구비례에 의한 총선을 치르도록 의결하다. 이에 총선거를 관리 감독하기 위해 유엔 한국 임시 위원단이 파견되었으나 북측이 위원단의 입북을 거부하다.

다시 유엔 소총회가 열려 선거가 가능한 지역에서만 총선거를 실시하도록 결의하므로 결국 남한만의 총선이 이루어지다.

이 과정에서 김구는 단독 선거가 민족 분단의 길이며, '민족상잔(民族相殘)의 비극을 초래하게 될 것'이라 경고하며 반대하다.

김구, 김규식이 남북 협상을 추진하고자 북한을 방문하여 김일성, 김두봉 등과 함께 통일 국가 수립을 위해 '외국 군대의 즉시 철수', '남한 단독 선거에 반대한다'는 등의 공동성명을 발표하다.

서울로 돌아온 김구와 김규식은 통일정부 수립 운동을 펼치나 유엔 소총회의 결의대로 총선이 실시되다.

> 남한 만의 정부수립이 구체화될 때 김구가 반대하며
> '미군정 아래에서 육성된 그들은 경찰을 시켜 선거를 독점하도록 배치하고 인민의 자유를 유린하고 있다. …… 내 나이 73세, 이제 새삼스럽게 재물을 탐낼 것이냐? 더구나 외국 군정 아래서 정권을

탐낼 것이냐? …… 나는 통일된 조국을 건설하려다 38선을 베고 쓰러질지언정, 일신의 구차한 안일을 위하여 단독정부를 세우는 데에는 협력하지 않겠다.'
- 김구, '삼천만 동포에게 읍고함'

우리나라 역사 이래 처음으로 민주주의 선거가 이루어지고 북한 의석 100석을 남겨둔 채 198명의 제헌국회가 구성되다. 첫 국회에서 의장에 이승만, 부의장에 신익희·김동원을 선출하다.

국회는 대통령중심제의 헌법안을 통과시키고 이승만이 대통령, 이시영이 부통령으로 선출되다. 새 정부의 국무총리에는 임시정부 광복군 출신 이범석이, 국회의장에는 신익희, 부의장에는 김동완, 김익수를 뽑고 대법원장에는 김병로가 선출되다.

드디어 맥아더 장군이 참석한 가운데 새 정부가 출범하고 파리에서 열린 제3차 유엔총회에서 유일한 합법정부로 인정받다.

북한에서는 김일성이 북조선 임시 인민위원회 위원장이 되면서 실질적인 북한 정권 수립이 진행되다. 대한민국 정부가 수립되던 같은 해에 북한에서도 최고인민회의 대의원을 선출하는 총선거를 실시하고, 김일성을 초대 수상으로 선출하여 조선민주주의인민공화국을 수립하다. 이로써 남과 북에 이념과 체제가 다른 두

개의 정부가 수립되어 대립하게 되다.

제주에서는 3.1절 기념행사에 참가한 군중에 대한 경찰의 발포사건이 계기가 되어 5.10 총선을 앞두고 단독정부 반대를 내세우며 남로당 제주도당 무장대와 토벌대 간에 무력 충돌이 일어나니 이른바 4.3사건이다.

> '1947년 3월 1일 경찰의 발포 사건을 기점으로 하여 경찰과 서청(서북 청년회)의 탄압에 대한 저항과 단선(單選 단독 선거), 단정(單政 단독 정부) 반대를 기치로 1948년 4월 3일 남로당 제주도당 무장대가 봉기한 이래 1954년 9월 21일 한라산 금족 지역이 전면 개방될 때까지 제주도에서 발생한 무장대와 토벌대 간의 무력 충돌과 토벌대의 진압 과정에서 많은 주민이 희생당한 사건'
> – 제주 4.3사건 진상규명 및 희생자 명예 회복 위원회 보고서

제주 4.3사건에 이어 여수, 순천에 주둔해 있던 제14연대 소속 군인들이 제주 4.3사건 진압명령을 거부하며 정부 진압군과 충돌하니 곧 여·순 10.19 사건이라. 정부는 계엄령을 선포하고 광주에 전투사령부를 둔 후 군인과 경찰이 진압하니 반란군이 지리산으로 숨어 들어가다.

충돌과 진압과정에서 여수·순천·광양·구례·보성 등 지역민 다

수가 희생되니 1만 1300여 명에 이르다. 이 과정에서 여수 애양원의 나환자들을 평생 헌신적으로 돌보신 손양원 목사의 두 아들도 희생되다. 손양원 목사는 두 아들을 죽음으로 몰아간 폭도를 양아들로 삼고 원수를 사랑하는 실천을 보이다.

영등포, 남대문, 지리산, 밀양, 오대산 등에서도 폭동이 일어나다. 국회 내에도 국회부의장 김약수를 비롯한 네 명의 국회의원이 남로당 지령으로 암약한 것이 밝혀지니 소위 국회프락치 사건이라.

민족의 큰 별이던 김구 상하이임시정부 주석이 초급장교 안두희에게 암살당하니 전국에 슬픔이 넘치다. 동학에서 접주를 지내고, 기독교에 귀의한 후 상하이에서 국가주석이 되었던 김구 선생은 지금까지도 국민의 큰 존경을 받다. 이 암살사건은 안두희를 비호하던 정황으로 보아 군부와 정권이 깊이 개입을 한 것으로 추정되다. 안두희는 심지어 현역으로 복귀하고 소령까지 승진하다가 은퇴 후 화천에서 군납업을 하던 중 청년들에게 죽음을 당하다.

# 가공할
피의
전쟁

　　　　　김일성이 이끄는 공산정권은 남침 준비를 마치고 압도적 군사 우위를 바탕으로 비극적 남북전쟁을 일으키니 수백만 명의 인명피해와 천만 이산가족을 남기다.

그 경과는 이러하니 -
국내에는 공산주의자들이 파괴적 지하운동을 하고 국군 안에서조차 공산당원들이 밀행(密行)하다.

미국 국무장관 애치슨이 한국은 미국의 태평양 안전보장선 -소위 애치슨 라인- 밖으로 빠져나간다는 선언을 한 뒤에 미군은 500여 명의 군사고문단을 남기고 철수한 상황이라. 중국은 장제스가 물러나고 마오쩌둥이 장악한 즈음이다.

북한이 억류하던 민족지도자 조만식과 남한 내 파괴를 일삼던 간첩 김삼룡과 이주하를 맞교환하자는 위장된 유화전술을 펴다.

덜레스 미국 대통령 고문과 신성모 국방장관은 38선을 시찰까지 했으나 정보력 부재로 북한군 상황을 전혀 파악하지 못한 상태다.

초대 국회가 2년을 맞이하던 때, 다수의 군 병력은 외박하고 육군 수뇌부는 육군 장교클럽에서 밤을 새우던 일요일 새벽 4시, 북한은 전차, 곡사포, 박격포, 대전차포, 고사포, 전투기, 해병대 등에서 압도적 우위를 바탕으로 전면 총공격하니 서울로 들어오는 길목인 의정부, 포천의 중서부 전선은 힘없이 무너지다.

이승만 대통령이 시급히 미 극동군사령관 맥아더, 장면 주미대사를 통해 미국 정부와 유엔에 지원을 요청하다. 이러한 위급상황에도 전황에 어두운 국방장관은 현실과 다른 낙관적 장담을 하다.

북한의 전차부대가 이미 의정부 근처까지 밀려온 상황에서 국회에서 비상 회의를 열고 정부 이전(移轉) 의견이 논의되나 서울 사수(死守) 의견이 지배하다. 이승만은 서울을 지키겠다는 허언을 방송한 것과 달리 특별열차를 타고 남쪽으로 피신하다.

우리 정부도, 국군도 후퇴를 거듭하여 대전에 이르다. 미국 트루먼 대통령이 미8군 사령관 워커 중장에게 출전 명령을 내리고 우리나라 군정장관을 지낸 제24사단 딘 소장이 선발대가 되어 오산에 도착하다.

이승만과 각료들은 대전을 버리고 다시 부산으로 이동하다. 미군은 평택, 천안, 청주에 방어선을 펴고 대전을 사수하다. 24사단 딘 소장이 행방불명되고, 북한 괴뢰군은 대전을 접수한 열흘 뒤 낙동강 전선까지 밀고 내려오다.

유엔의 결의에 따라 맥아더 장군이 유엔사령관이 되고 영국, 터키, 프랑스 등 자유우방 21개국이 해군, 공군, 지상군 등 군대와 병원선, 병원 등 의료진을 지원하니 이들은 우리와 피로 맺은 혈맹이 되다.

맥아더의 탁월한 전략과 지휘 아래 미군 워커 중장과 유엔군이 낙동강을 방어선으로 하여 혈투 끝에 사수하다.

맥아더의 통찰과 지휘하에 대구에서도 적을 격퇴하고 대담한 인천상륙작전을 감행키로 하니 이때 북한 병력은 낙동강 전선에 집중했을 때라. 유엔함대와 공군기를 동해안과 서해안에 집중공격하는 한편, 주력은 부산항을 빠져나와 인천으로 상륙하는 대담한 작전이라. 우리나라 함정 15척, 미군 함정 226척 그리고 참전국 함정 등 261척이 참여하다.

낙동강 전 지역에서 북괴군 진지를 넘어 북진하고 18시간의 대공습과 인천상륙작전에 성공한 맥아더의 유엔군이 서울과 수원을 회복하다. 해병 2대대 6중대가 중앙청에 태극기를 올리고, 서울 시내 소탕전이 끝나니 북한 공산군은 미아리 고개를 넘어 총퇴각하다.

국군 제3사단이 이종찬 대령의 지휘 아래 맨 먼저 38선을 돌파하다. 맥아더의 지휘 아래 국군과 유엔군이 북진하고 평양을 탈환하다.

통한의 중공군 개입과 전쟁 마무리

국군이 평양을 점령하던 때 중공군 12만 명이 압록강을 넘어 진격해오다. 무기와 장비의 우월성이 아니라 수많은 병력을 투입하니 소위 인해전술이라.

이에 유엔군과 국군은 다시 후퇴하고 북한 동포들은 대대적으로 자유를 찾아 피난길에 오르다.

유엔군이 다시 반격을 가해 38선을 회복하던 때 소련이 유엔대사 말리크를 통해 휴전을 제의하자, 미국 트루먼 대통령이 이에 응하고 한국 정부와 국민들의 반대 시위에도 불구하고 휴전협정이 진행되다.

유럽의 냉전, 아시아의 열전

유럽에서 자본주의와 공산주의 진영 간 경제·군사적 대립이 냉전으로 이어지다.

그러나 중국에서는 국민당과 공산당의 내전(國共內戰)이 발생하고 마오쩌둥이 이끄는 공산당의 승리로 끝나며 대륙에는 중화인민공화국이 수립되고, 장제스가 이끄는 국민당은 대만으로 밀려 중화민국으로 자리잡다.

한국에 6.25가 발발할 즈음, 베트남에서는 북의 베트남 민주공화국(공산주의)과 남의 베트남 공화국(민주주의) 사이에 전쟁이 일어나다.

전후에 일본을 점령한 미국은 소위 '반공(反共) 거점'으로 일본의 역할을 중시하여 일본과 강화를 서두르니, 6.25가 한참일 때 일본은 연합국과 샌프란시스코 강화조약[6]을 체결하여 주권을 회복하다.

전쟁 중 '독도지킴이'의 희생적 독도 방어 이야기

무도한 일본 어민, 수산청과 해상보안청 무리가 한국전쟁이 한창

독도의용수비대, 독도 경비초사 및 표식 제막 기념. 1954. 8. 28

이던 중 수차례에 걸쳐 불법적으로 독도에 무단 상륙하여 한국 어부의 '위령비'를 파괴하고 독도에 '시마네현 오키군 다케시마'라는 나무표지판을 세우면서, 팻말 바꿔치기 전투가 발생하다. 당시 울릉도 출신 제대군인 홍순칠 등 청년들이 이를 희생적으로 방어하다.

홍순칠 등은 오징어를 판 돈으로 무기와 식량을 구입하고 독도의 용수비대를 결성하여 일본 오키(太毛) 수산고의 연습선 지토마루호를 나포해 돌려보내고, 일본 해상보안청의 순시선을 두어 차례 전투 끝에 격퇴하며, 다음엔 일본함정과 비행기가 한꺼번에 침입하자 미리 구입한 박격포와 중화기로 퇴치하니 곧 독도대첩이라.[7] 이 과정에서 수비대는 독도 동도 바위에 한국령(韓國領)이라는 글자를 새겨넣다.

독도의용수비대 33명의 영웅들은 독도를 지키는 데 전념하고 독도 상륙 3년 8개월 만에 무기와 임무를 국립 경찰에 정식으로 인계하니 참으로 그 정신과 기여는 눈부신 성과가 아닐 수 없다.

이러한 민간 주도 독도지킴이의 희생적 방어로 인해 오늘날 독도에 대한 실효적 지배(實效的 支配)를 확고히 하는 실제적 배경이 되다.

이승만 정부의
　　불행한 권력욕과
　　정치파동

　　　　휴전회담이 진행되는 가운데 가혹한 전쟁과 고통의 시련 속에서도 이승만은 책임을 느끼기보다는 권력에 대한 집착이 절대 반지의 유혹처럼 시들지 않다.

대통령 임기가 임박함에 따라 이승만은 권력 독점에 눈이 어두운 주변 세력에 둘러싸여 '국회의원들의 간접선거 방식으로는 재집권하기 어렵다'고 생각하여 직선제 개헌안을 국회에 내놓자 국회가 부결하기에 이르다.

국회는 오히려 내부적으로 대통령의 독재정치를 막고자 야당을 중심으로 내각책임제 개헌안을 만들려 하다. 야당의 저항에 이승만은 민중자결단 등 18개 사회단체를 만들어 국회 해산, 직선제 개헌안 등을 외치며 국회를 공격하다.

이승만은 국회의 반대가 거슬려 육군참모총장 이종찬으로 하여금 1개 사단병력을 동원하도록 지시하나, 이종찬이 유엔군사령관을 핑계대며 군이 정치에 개입하는 게 부적절하다고 거절하자 이승만이 분노하다.

이승만이 이종찬을 해임하고 헌병사령관 원용덕에게 헌병을 출동시키도록 하고 계엄령을 선포하는 한편 국회의원들을 억류 및 협박하면서 '대통령직선제와 상하 양원제'를 골자로 하는 정부 측 안과 '내각책임제 및 국회 단원제'를 골자로 하는 국회 안을 절충해서 장택상 의원이 제출한 위헌적인 발췌개헌안[8](제1차 개헌, 정·부통령 직선제와 양원제, 국회의 국무위원 불신임제)을 '일어서서 찬성을 나타내는 기립방식'으로 가결시키니 이른바 정치사에 부끄러운 부산정치파동이라. 한 달 뒤에 이승만이 직선제를 통해 무소속의 조봉암을 누르고 제2대 대통령으로 당선되다.

휴전협정이 마무리되자 정부는 서울로 돌아오고 이승만은 돈과 권력의 힘으로 자유당 의원들을 다수 당선시키다. 이승만이 권력욕에 눈이 멀어 재집권을 위하여 '대통령은 재선만 가능(3선 금지)'한 헌법을 '초대 대통령만은 예외로 한다'는 개헌안을 내놓고 개헌 정족수인 의원 2/3에서 1석 모자라는 득표를 했음에도 말도 안 되는 사사오입 논리로 의결을 번복하고 결국 개헌안을 통과시키다(제2차 개헌, 사사오입 개헌).

서울 숭례문 앞에서 시민 수천 명이 시위에 나섰다. 1960. 4. 19

민주당 대통령 후보인 신익희가 한강 백사장 연설이 끝난 후 호남선 열차 안에서 뇌일혈을 일으킨 후 숨지다. 자유당의 이승만이 진보 성향의 무소속 조봉암을 누르고 당선(제3대 대통령)되고, 부통령에 민주당의 장면(張勉)이 선출되다. 부통령 장면이 저격되기도 하는 정치적 파행이 지속하던 중 조병옥이 정부 규탄대회를 열자 정치깡패가 야당 집회를 습격하다.

부끄럼 없는 이승만 정권이 또다시 대통령에 이승만, 부통령에 이기붕을 후보로 내세우고, 민주당은 대통령에 조병옥, 부통령에 장면이 출마하다. 대통령 야당후보 조병옥이 신병 악화로 죽음을 맞이하고 단독후보가 된 이승만의 당선이 확실한 가운데 여당 부통령후보 이기붕을 당선시키기 위해 부정이 난무하는 가운데 선거가 치러지니 악명높은 3.15부정선거라.

'일과 시간 외에 선거운동을 하는 것은 공무원과 그 가족의 의무다. 싫으면 자리를 떠나라.'
– 내무부장관 최인규가 취임하면서 부정 선거 지시

마산에서 시민과 학생들이 부정선거를 규탄하면서 전국적인 학생 데모가 잇따르다. 시위 중 사라진 중학생 김주열의 시체가 눈에 최루탄이 박힌 채 마산 앞바다에서 떠오르자 전국으로 시위의 불이 붙다. 고려대 학생들이 국회의사당까지 행진하고 무능, 부패, 독재를 규탄하다. 3천여 명이 넘는 학생들의 데모가 이어지고 정치깡패들이 폭력을 휘두르면서 사태가 악화하니 고등학생과 대학생들이 시위하다. 경찰서와 파출소가 파괴되고 서울신문사와 자유당 본부가 습격당하다. 이기붕의 자택도 불태워지다.

이러한 민주의 열기는 인천, 부산, 대구, 광주, 전주 등에서 타오르고 심지어 초등학생이 참가하는가 하면 대학교수가 참가하는 사태로 진전되다. 정부가 비상계엄을 선포하고 군대까지 동원하나 시위대를 맞이한 계엄군 사령관조차 발포 중단명령을 내리고 오히려 시위에 동참하니 이른바 4.19혁명이라.

지속되는 시위 가운데 자유당이 설 곳을 잃고 정부는 이기붕 당선자의 사퇴와 이승만의 자유당 총재 사임으로 사태를 수습하려 하나 대학교수들이 이승만의 퇴진을 요구하며 시위를 벌이다.

시위가 확산되는 가운데 계엄령이 선포되는 등 사태가 급변하자 미국정부도 매카나기 대사를 통해 심각한 우려를 표명하면서 결국 이승만이 하야(下野)하고 이기붕 일가는 맏아들 강석이 권총으로 가족들을 스스로 죽이는 비극적 사건과 함께 역사 속에 사라지다. 드디어 이승만이 하와이로 망명하니 독재의 뒤에 역사의 그림자가 짙게 드리우다.

우남 이승만의 빛과 그림자

이승만은 황해도 출신이자 양녕대군의 16대손으로 민족교육과 선교활동, 만민공동회와 독립협회 주도, 매일신문과 제국신문 창간 및 논술 활동을 하고, 미국 프린스턴대학에서 박사학위를 받은 후 105인 사건을 다룬 《한국교회 핍박》, 옥중저서인 《독립정신》과 《청일전기》 등을 저술한 독립운동가다.

대한민국 임시정부의 초대 대통령이자 마지막 주석을 거쳐 제헌국회의장을 지내고, 대한민국 제1·2·3대 대통령인 이승만은 냉전 시대에 발맞추어 반공주의, 자유민주주의, 시장경제 체제의 토대를 마련하고, 농지개혁법 제정과 경자유전(耕者有田)의 원칙에 따른 자작농적 토지소유, 의무 교육제도 도입 및 문맹 퇴치, 한미상호방위조약 체결, '인접해양의 주권에 관한 대통령 선언'(소위 '해양주권선언'. 이로 인해 그어진 해양경계선은 평화선 또는 이승만 라인으로 불리다)[9] 등 대한민국 발전의 기초를 마련하다.

그러나 대통령 재임 중 한국전쟁이 진행되던 시기에 권력의 힘을 이용하여 발췌개헌, 사사오입 개헌을 무리하게 추진하므로 재선, 3선에 성공하고 4선에도 당선되나 끝내 4·19 혁명으로 하야하는 종말을 맞으니 초대 대통령으로서 우리나라 민주주의 발전사에 불행한 선례를 남기다.

급속한 정치변화 속에
가파른 경제성장의
기적

실험적인
　　내각책임제의
제2공화국

독재정권이 무너지고 무질서가 지속되다. 국회가 추대한 허정이 대통령권한대행으로서 과도내각을 이끌면서 내각책임제 개헌을 통과시키다.

총선이 이루어지고 민의원, 참의원 합동회를 통해 제2공화국 대통령에 윤보선, 국무총리에 장면을 선출하다.

장면 내각은 '3.15 부정선거 주모자 처단, 4·19혁명 당시 발포 책임자 처벌, 민주당의 신·구파 분당, 6·25전쟁 당시 양민학살 진상규명, 남북학생회담의 판문점 개최 요구, 반공법 제정 반대 데모, 정치깡패·부정 축재·정치자금의 흑막과 장면 저격사건 등'을 해결하고자 하나 안정적인 지도력을 세우지 못하고 내각책임제의 약점만 크게 노출된 가운데 시위는 계속되고 사회 혼란이 더하다.

사회적 혼란 가운데 군이 일어서다

박정희 육군소장과 김종필 등 육사 8기가 중심이 되어 해병 제1여단, 제6군단 포병대, 공수단 등의 군 세력을 이끌고 군사 정변을 일으켜 장면이 이끌던 정권을 접수하다.

소위 혁명내각은 부정부패를 없애기 위해 혁명재판소와 혁명검찰부를 설치·운용하면서 정치깡패들을 시가행진시키고, 두목 이정재, 임화수 등을 사형시키다. 또 3.15 부정선거의 책임자들을 사형시키고 부정축재자들을 최고 '무기의 실형'을 선고하다. 정치활동 정화법을 공포하여 옛 정치인들의 정치활동을 막다.

농어촌 고리채 정리법을 공포하여 농어민의 부담을 경감하고 제1차 경제개발 5개년계획을 시행하다.

박정희는 케네디 대통령과 회담을 갖고 미국의 지지와 원조를 약속받으며, 우방국의 지원을 얻다.

국가재건최고회의는 박정희를 국가재건회의 의장으로 추대하고, 박정희는 윤보선 사임 이후 대통령권한대행이 되다. 이후 대통령 직선제를 위한 제5차 개헌안이 국민투표를 통해 통과되다. 박정희는 민주공화당을 창당하여 정계 진출의 발판을 마련하다.

**발빠른 행보 속에
개혁과 억압의
쌍곡선**

공화당의 박정희와 민정당의 윤보선이 선거를 치러 승리한 박정희가 제3공화국을 출범시키다.

군사정부는 연합군 최고사령부 외교국장 시볼드의 중개로 이승만 정부부터 시작된 '한일회담'(5차까지 결렬)에 대해 큰 관심을 갖다. 미국의 원조가 줄고, 경제개발계획 추진을 위해 대규모 투자재원이 절박한 상황에서 미국의 동아시아 전략 및 일본 자본의 해외 진출 욕구와 맞아떨어지면서 급속히 추진되다.

제6차 한일회담이 재개되고, 독립축하금 명목의 후원금과 차관을 제공받는 조건으로 특사 김종필과 일본 외무장관 오하라에 의해 비밀리에 진행되다.

이 과정에서 일본의 사과와 배상, 약탈 문화재 반환 등이 외면된 사실이 폭로되자 대학생들은 굴욕적 대일 외교라 하며 반대하면서 불법적 친일 정권 퇴진을 요구하고 6.3 반대 시위를 벌이다.

그러나 정부는 군대를 동원하여 반대 시위를 진압하며 한일기본 조약 및 부속협정(한일협정)을 체결하고 한·일 간 국교가 정상화하다.

> 김종필과 오하라의 비밀메모에 의하면,
> 한일회담 성사 조건으로 '일본 정부가 박정희 정부에 무상으로 3억 달러, 정부 차관으로 2억 달러, 상업 차관으로 1억 달러를 제공할 것'을 비밀리에 합의하다.

한·일 국교 정상화로 한·미·일 동맹을 강화한 박정희 정부는 미국의 요청과 6·25 때 도와준 보답으로 월남전에 국군'을 파병하다. 파병은 국제적 지지도 받지 못하고 야당을 비롯한 국내 여론도 부정적이나, 박정부는 미국으로부터 한국군의 현대화와 경제 발전을 위한 기술 및 차관 제공 등을 약속받다.

> 한·미 간 체결된 브라운 각서에 의하면,
> '미국은 파병 비용을 부담하고 한국군 현대화를 지원한다. 베트남 주둔 한국군 지원 사업과 현지의 각종 사업에 한국을 참여시킨다. 미국은 한국에 군사 원조와 차관을 제공한다.'

결국 베트남 파병으로 국군의 전력이 증강되고, 건설업체의 해외 진출과 인력 수출 등이 활발해져 경제성장을 위한 발판이 마련되다.

제2차 경제개발 5개년 계획을 세워 공표하고 수출주도 경제정책을 추진하다. 박정희는 다시 한번 신민당의 윤보선을 누르고 대통령에 당선되나, 국회의원 선거에서는 공화당이 크게 이기자 부정선거 논란이 일어 부정 당선자 8명을 제명하고 재선거를 실시하다.

중학교 입학시험을 폐지하여 시험지옥에서 해방시키다.

북한의 끊임없는 도발

북한은 김신조 등 21명을 침입시켜 청와대를 공격하고, 미국 정보함 푸에블로호를 강제납치하며, 무장공비 120명에 의한 삼척·울진지구 양민학살 사건, 흑산도 등 무장공비 사건, KAL기 납북사건 등을 자행하다. 이에 대해 정부는 북한의 4대 군사노선에 대응한다는 명분으로 향토 예비군을 창설하다.

장기집권, 정당성 훼손과 흔들리는 민심

국회의원 선거에서 여당인 민주공화당은 3선 개헌을 위한 의석

월남군 파병

을 확보하기 위해 대대적인 부정선거를 저지르다.

비판 여론이 거세지자 중앙정보부는 동백림(동베를린) 간첩단 사건을 발표하고 유럽에서 평화통일운동을 하던 작곡가 윤이상, 화가 이응노 등을 간첩으로 체포하여 국내로 압송하다. 시인 천상병도 장애인이 될 정도로 고문 수사를 벌이다.

독재의 길로 접어든 공화당은 여당만으로 대통령 3선 개헌안을 통과시키나 야당과 학생들의 반대시위에 다시 국민투표에 붙여져 가결되다. 이에 박정희는 신민당 후보 김대중과 겨루어 힘겹게 누르고 7대 대통령에 당선되다.

선거 과정에서 김대중은 40대 기수론을 등에 업고 대중경제론, 남북교류론 등 획기적 공약을 내세워 선거바람을 일으키다. 또 전주 유세에서 정권이 종신총통제를 획책하는 증거가 있다고 주장하고 서울대 총장 출신 법대교수 유기천도 이를 뒷받침하다.

한국적십자사가 북한에 이산가족찾기를 제의하고, 닉슨이 중공을 방문하며 중공이 유엔에 가입하는 등 국제정세가 요동치다. 이른바 국제사회에 데탕트[2]가 열리다. 남북 간에 판문점 자유의 집에서 남북조절위 공동위원장 회의가 열리다.

지난 선거 이후 국제적인 데탕트 분위기와 국내 시위가 연이은 상황에서 위기의식을 느낀 박정희는 북한과 평화통일 원칙에 합의한 7.4 남북공동 성명을 발표하다. 그 이후에 대통령특별선언을 발표해 국회해산, 정당 및 정치활동의 중지 등 헌법상의 일부 기능을 정지시키고 전국에 비상계엄령을 선포하며 신문·통신의 사전검열제를 실시한 가운데 '조국의 평화통일을 지향한다'는 명목으로 유신헌법 개헌안을 국민투표로 확정하니 곧 10월유신이라.

유신헌법에 의하면,
'대통령은 통일주체국민회의에서 토론 없이 무기명 투표로 선거한다. 대통령 임기는 6년으로 하고 중임제한이 없다. 필요한 경우 긴급조치를 할 수 있고 정부나 법원의 권한에 대해서도 긴급조치를 할 수 있다. 대통령은 국회를 해산할 수 있다.'

이로써 통일주체국민회의 대의원이 구성되고 박정희는 99.92%라는 놀라운 득표율로 제8대 대통령으로 당선되니 이른바 제4공화국이다.

김대중이 도쿄에서 납치된 후 다시 풀려나는 중대한 사건이 발생하다. 나라 안은 문인, 종교인, 국회의원까지 포함하여 유신헌법 반대의 물결이 휩쓸기 시작하다.

광복군 장교 출신 장준하는 개헌 청원 100만인 서명운동 등 유신 반대 운동을 벌이다 의문사(疑問死)하고, 천주교 신부들은 정의구현사제단을 조직하여 활동하며, 해직된 언론인들도 투쟁을 전개하다.

한편, 서울에서 지하철 1호선이 개통되던 날, 광복절 기념식에서는 재일교포 문세광이 박대통령을 저격하다가 실패하고 영부인 육영수 여사가 목숨을 잃다.

박정희가 다시 제9대 대통령으로 선출되나 국회의원 선거에서는 신민당이 공화당보다 득표율이 1.1% 앞서는 현상이 발생하고 민심이 이반하다.

장기집권에 따르는 피로와 갈등이 심화한 가운데 재미 한국인 사업가 박동선 등 일단의 로비스트들이 미국 상·하원 및 유관 공직자에 대한 불법 로비가 밝혀지고 한·미 간 외교 마찰이 일어난 정치 스캔들이 발생하다.

가발수출업체 YH무역이 방만 경영과 폐업 조치를 맞아 여공(女工)들이 야당인 신민당사에서 농성 시위를 벌이면서 김영삼 총재가 격려하고 정부 대책을 촉구하다. 경찰력이 투입되어 김영삼 총재와 국회의원, 기자들이 폭행당하고 노동자 1명이 사망하니 곧

YH사건이다.

종교계와 시민사회단체가 일어서고 김영삼 총재의 의원 자격이 박탈되자 유신독재 타도의 물결이 거세지며 부산과 마산 지역을 중심으로 이른바 부마(釜馬)사태가 일어나다. 정부는 위수령(衛戍令)을 발동하고 공수부대 등 군을 투입하여 강경 진압하다.

민심이 크게 흔들린 가운데 청와대 분수 옆 궁정동 안가(安家)에서 김재규 중앙정보부장이 박정희를 시해하며 긴 통치의 막을 내리니 이른바 10.26사태라. 이로써 유신체제는 권력 핵심 내부로부터 붕괴하다.

전두환 보안사령관이 이끄는 군 수사기관이 시해 사건과 연계해서 정승화 육군참모총장과 3군사령관, 합참본부장 등을 체포하면서 새로운 권력이동이 시작되다.

세계사적으로 독보적인 한강의 기적

박정희 정권은 신생국 정치사에 유례없을 정도로 경제성장과 국가발전을 주도하므로 한국을 세계 속에 우뚝 서게 하다.

영국 로이드 선급협회에 근무하던 신동식을 초대 경제수석으로 임명하여 제철, 조선, 석유화학, 기계, 전자, 과학기술 분야 중장기 발전계획을 수립하고, 경제개발 5개년계획을 추진하다.

> 린든 존슨 대통령의 초청으로 박정희 대통령이 미국을 방문할 때 신동식을 불러 말하기를,
> '대한민국의 조선공업을 살리시오. 우리나라는 삼면이 바다잖소'
> – 신동식 전 경제수석 회고

정부 주도로 시작된 경제개발 5개년 계획은 총 7차례에 걸쳐 국가발전의 핵심 엔진이 되다. 국가발전을 강하게 추진하고 주요 기업들의 국제경쟁력을 지원하기 위해 '불균형 발전전략'을 추진하다.

철의 사나이 박태준에 의해 대일청구권 자금을 이용하여 민족기업을 일구며 '포항제철의 신화'를 이루다. 포스코는 박태준 재임기간 중 종합제철 일관공정을 완공하여 연간 2100만 톤의 생산능력을 갖춘 세계 3위의 철강사로 자리잡다.

> 창업 이래 지금까지 제철보국(製鐵保國)이라는 생각을 잠시도 잊은 적이 없습니다. 철은 산업의 쌀입니다. 쌀이 생명과 성장의 근원이듯 철은 모든 산업의 기초소재입니다. 따라서 양질의 철을 값싸게 대량으로 생산하여 국부를 증대시키고 국민생활을 윤택하게

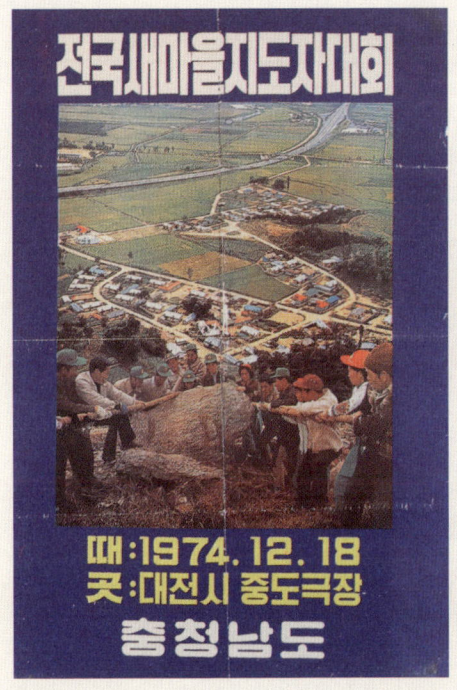 

전국새마을지도자대회 포스터, 대전, 1974

1970년대에 제작된 포스터. 1000불 시대와 아이 둘 낳기 홍보

강남개발과 다리놓기, 1970년대, 서울역사박물관

경부고속도로 개통, 1970.7.7.

서울지하철 착공. 1971.4.12.

하며 복지사회 건설에 이바지하자는 것이 곧 제철보국입니다. 우리는 국민과 인류에게 복락을 줄 수 있는 제철산업에 종사하고 있다는 것을 무한한 영광으로 생각해야 합니다.
- 박태준 어록

중동건설 바람으로 외화를 벌어들이고, 자립경제 기간산업으로 정유, 제철, 조선 등 중화학 공업의 기틀을 마련하다. 경제성장에 강한 드라이브를 시작하면서 울산 정유공장을 준공하고 시멘트, 비료, 철강 등 기간(基幹)산업이 자리를 잡고, 일자리가 늘어나며 소득이 늘어나다.

국가산업과 발전을 위한 공업화가 지속되면서 철도, 고속도로, 항만, 통신시설 등이 건설되다. 경인고속도로, 경부고속도로, 호남·남해고속도로, 영동·동해고속도로가 연이어 개통되고 한편 서울지하철 개통에 이어 서울-부산 간 자동전화를 개통하면서 전국을 놀랍도록 빠르게 이어주다.

임해공단과 내륙공단을 조성하고 화력, 수력, 원자력 발전소의 건설이 눈부시게 추진되다.

옷, 장난감, 인형, 가발과 같은 경공업 제품의 수출이 늘어나다. 섬유, 합판, 가발, 라디오 등의 수출로 수출 1억 달러 목표를 달성하다.

전후방 연관산업을 다수 가진 조선과 해운이 빠르게 발전하며 세계 속의 선두 주자로 자리매김하다. 현대, 삼성, 대우, 한진 등이 산업을 견인하다.

> 우리 한국인은 모두 작심만 하면 뛰어난 정신력으로 어떤 난관도 돌파할 수 있는 민족이다.
> -정주영 회장, 1972년 현대중공업 기공식에서

근면, 자조, 협동 정신을 바탕으로 하는 새마을운동은 농어촌의 근대화는 물론 국민의 기질을 근본적으로 새로 다지는 정신 문화적 개혁이라. 국민윤리헌장을 암송케 하고 생활환경, 농업기술 등 나라 전체의 기운이 변화하다.

박정희 정권 시기에 과학기술이 중시되고, 한국과학기술연구원(KIST)과 기계연구원 및 해양연구소, 국방과학원과 연구소, 핵심 기업들이 연구개발에 집중하다. 대부분의 무기를 자체 개발하기 시작하며 한편 첨단 함정을 제작하는 등 조선산업의 부흥과 맞물리다.

수출주도 정책의 결과로 드디어 수출 100억 달러를 달성하다. 우리의 경제발전도 초석 다지기를 넘어 비약적 부흥을 예고하다.

담배갑 디자인 속 반공과 방첩, 새마을. 1950~1980년대, 대전 한밭박물관

박정희의 수출주도와 불균형 발전전략은 한강의 기적이라 일컫는 위대한 부흥기를 창조해 내다.

북한의 이중적 모습과 남침야욕

남북적십자 회담이 평양과 서울에서 교차 개최되나 북한적십자사의 행보는 일관되기보다는 정치적 교란 수준이라.

두 얼굴을 가진 북한을 잘 말해주듯 남침 기습용 땅굴이 발견되고 판문점 공동경비구역에서 미국인 장교를 도끼로 살해하는 등 만행을 저지르다.

통치체제 전환 가운데 군부정치의 빛과 그림자

14

과도적 시기의 아노미적 상황과 민주화 운동

박정희 서거 이후 총리 최규하가 권한대행을 맡고 다시 대통령에 취임하면서 헌법개정을 이끌다.

보안사령관 전두환이 이끄는 신군부가 군권을 장악하니 이른바 12·12사태다. 신군부 퇴진을 요구하는 대대적인 민주화 운동이 전개되다(서울의 봄).

김대중, 윤보선, 지학순 등이 복권되고 김종필, 김영삼, 김대중의 3김시대가 도래하다.

일부 대학생을 중심으로 부산 미국문화원 방화와 서울 미국문화원 점거 등 반미운동이 진행되는 가운데 호남의 심장 광주에서 시민과 학생의 시위가 일어나 이를 공수부대 등 군이 직접 진압하는 과정에서 총격전이 벌어지므로 비극적인 유혈사태가 일어나니 이른바 5·18 광주항쟁(광주민주화운동)이다. 씻기 어려운 한을 낳다.

신군부는 불량배 소탕 등 사회정화를 명분으로 삼청교육대'를 설치하고 가혹한 훈련과 노동을 강요하다. 또한 정치인들의 활동을 통제하고 언론을 통·폐합하다.

이후에 최규하가 물러나고 전두환이 전면에 부각된 후 개정된 새 헌법에 따라 대통령선거인단에 의해 대통령으로 선출되니 제5공화국이 열리다.

신군부 정권의 전환기적 개혁 그리고 경제성장의 파란불

정권을 장악한 전두환은 '5.18 진상규명'과 '미국의 사과'[2]를 요구하는 시위가 여전한 가운데 야간 통행금지 폐지, 두발과 교복 자유화, 프로 야구단 창설 등 유화정책을 펴다.

전두환은 레이건 미국 대통령과 상호 방문하고 아시아·아프리카를 방문하다. 교황 바오로 2세가 방한하고 KBS가 마련한 이산가족찾기 프로그램이 큰 파장을 일으키다.

남북적십자회담이 재개되고 이산가족 고향방문단과 예술공연단이 서로 남북을 다녀가다.

LA 올림픽에서 10위를 하고. 서울 아시안게임에서는 중국에 이어 종합 2위를 하다.

경제성장이 급커브를 그으며 마침내 무역수지 흑자국으로 전환하다. 경제개발 5개년계획은 정권의 부침(浮沈)에도 계속되어 제6차 계획이 진행되면서 첨단기술산업이 전면에 부상하다.

산업 발전이 이루어져 수출 상품의 대부분을 공산품이 차지하고 특히 전자제품, 자동차, 기계, 철강 등의 중화학 공업 제품이 주류를 차지하다.

쌀의 자급자족이 이루어지고 배고픔에서 벗어나다. 1인당 국민소득도 5천 달러를 넘어서다.

높아진 민주화의 열망 속에 꽃들도 지다

가파른 경제성장에도 불구 민주화 열망이 타오르는 가운데 대통령 직선제 헌법개정의 목소리가 높아지다가 대학생 박종철이 경찰서 고문 끝에 세상을 떠나고, 대학생 이한열이 최루탄에 맞아 뇌사상태에 빠지니 민주화의 열기는 운동권 투쟁을 넘어 국민의 분노를 자아내어 전국적 민주화 및 개헌운동으로 이어지다.

✦ 평화적 정권 이양과
　　빛나는
　　서울올림픽

　　　　드디어 민정당 노태우 대표가 전두환 대통령의 양해하에 직선제 개헌 등 8개항에 대한 특별선언을 하니 이른바 6.29선언이라. 직선제 개헌안이 통과하며 김대중이 사면 복권되고 김종필이 정치활동을 선언하다.

　　6.29 선언이 발표되던 날, 거리는 잔칫날처럼 들뜨다. 전국 곳곳에 찻값이나 술값 무료를 선언하는 다방, 식당, 술집들이 즐비하더라. 시민들은 '대한민국 만세', '민주주의 만세'를 외치기도 하다. 세계 언론들은 '한국이 경제 기적에 이어 정치 기적을 이루어냈다'고 찬사하니 그만큼 이 선언의 의미가 크다.

88올림픽을 앞두고, 대통령 선거전이 한창일 때 이라크 바그다드에서 이륙하여 한국으로 오던 대한항공 여객기가 북한의 지령에 따라 인도양 상공에서 폭파되어 사라지니 탑승자 115명이 사망하다. 일명 마유미라 하는 김현희와 하치야 신이치라고 불리던 김승일[3] 등 테러단의 소행이라.

노태우, 김영삼, 김대중, 김종필 네 후보의 치열한 선거전 결과 노태우가 당선하여 제13대 대통령이 되니 제6공화국의 시작이라. 군부 출신 대통령이 세 번째로 이어지다. 그러나 노태우 대통령은 정부 수립 후 처음으로 평화적 방법에 의해 정권을 넘겨받은 첫 대통령이 되다.

노태우 정부는 단체장은 임명, 지방의회는 주민 투표를 거쳐 구성하는 등 5.16 이후 중단된 지방자치제를 제한적으로나마 실시하고, 언론 기본법을 폐지하는 등 자유가 크게 신장하다.

88서울올림픽을 개최하니 LA올림픽 때 참여하지 않은 공산국까지 포함하여 세계 162개 나라가 참여하므로 올림픽 역사상 최고의 참가자 수를 기록하고 세계평화에 크게 기여하다. 이때는 사회주의 종주국인 소련도 고르바초프 대통령이 개혁, 개방을 선언한 체제 전환기여서 더 큰 의미를 가지다.

국제적으로 냉전체제가 해체되는 과정에서 화해와 협력 외교로 전환하면서 사회주의 국가와 적극 교류하는 '북방 외교'를 추진하여 소련, 중국과도 국교를 맺고, 북한과 유엔에 동시 가입하다.

경제도 탄력을 받아 활성화되어 반도체, 전자제품, 선박, 자동차, 컴퓨터 등 기술 수준이 높은 공업제품의 수출이 높아지고, 무역, 반도체, 선박, 자동차 등의 경제 규모가 커지다.

민간 주도 민주정부가 탄생하여 개혁을 거듭하다

15

민간 정부가 들어서고 파격적인 개혁을 단행하다

여당인 민정당은 여소야대를 극복하기 위해 김영삼, 김종필이 이끄는 두 야당과 합당하여 거대 여당인 민주자유당을 창당하다. 이어 14대 대통령 선거에서 여당의 김영삼 후보가 야당의 김대중 후보를 누르고 당선되니 5·16 이후 31년 만에 들어선 첫 민간정부라.

김영삼 정부는 지방자치제를 전면 실시하고, 공직자윤리법을 개정하여 고위공직자 재산을 공개하며, 탈세와 부정부패를 차단하기 위한 금융실명제를 과감하게 실시하다.

신군부의 뿌리인 하나회를 해체하여 군의 정치적 중립을 확보하고, '역사 바로 세우기'를 내세워 전두환, 노태우 두 전직 대통령을 '정치자금', '12·12 사태 및 5·18 민주화 운동 관련 군사 반란' 등의 혐의로 구속하고 법정에 세우다.

김대중과 김영삼. 1970년대 민주화 투쟁 시절

김영삼 정부는 다소 성급한 '세계화'를 내세우며 경제협력개발기구(OECD)에 가입하는 등 시장 개방 정책을 추진하다.

그러나 임기 말 외환위기를 맞아 국가부도사태(소위 IMF)에 이르면서 개혁의 빛이 바래다.

여·야 정권교체 후 위기를 극복하고 햇볕정책을 펼치다

외환위기 속에 정치적 결을 달리하는 충청권의 김종필과 연호남권의 김대중 후보가 연합하여 김대중이 대통령에 당선되면서 여·야 정권교체가 이루어지다.

김대중은 40대 기수론으로 정계에 등장하여 군사정권과 끊임없이 갈등을 겪으며 민주화와 경제성장 과정에서 고난과 굴곡이 많은 정치인으로 집권 후 오히려 정치보복을 절제하다.

김대중 정부는 외환위기의 어려움 속에서도 빠른 위기 극복과 민주주의 및 시장경제의 발전을 추진하다.

특히 강도 높은 구조조정으로 국제통화기금(IMF)의 지원금을 앞당겨 상환해 나가는 성과도 거두지만, 구조조정 과정에서 수많은 실업이 발생하고 은행과 기업이 외국자본에 매각되는 아픔이 따르다. 이때부터 우리의 경제정책 방향이 국가주도의 산업정책보다는 냉정한 금융정책 위주 방향으로 전환하는 계기가 되다.

김대중 정부는 특히 '햇볕정책'을 통해 북한의 두터운 옷(장벽)을 벗기고, 남북 화해 협력을 적극 추진하여 분단 이후 처음으로 남북 정상회담을 개최하면서 6.15 남북 공동선언을 이끌어내다.

이로써 김대중 대통령은 남북 화해협력과 동아시아의 민주주의 및 인권신장에 대한 공로로 한국인 최초로 노벨 평화상을 수상하다.

> 1997년 그의 대통령 당선은 한국이 세계의 민주주의 국가 대열에 진입하는 분기점이 되었다. …… 햇볕정책을 통해 남북한 간에 50년 이상 계속된 전쟁과 적대감을 해소하려고 노력하였다.
> - 노르웨이 노벨 위원회

한편 햇볕정책으로 인해 긴장 완화와 화해 협력이라는 성과와는 달리 적지 않은 협력사업 재원이 북한 지도부에 의해 핵 개발 및 군비 확충에 유용된다는 우려를 초래하다.

✦ 권위주의를 멀리한
　　서민 대통령의
　　투쟁과 통찰

노무현은 민주화 세력에 대한 용공조작(容共操作) 사건으로 알려진 부림(釜林)² 사건을 맡아 노동자 및 학생 등의 인권 사건을 변호하는 인권변호사로 알려진 후, 국회의원이 되어 5공 비리 청문회 스타로 유명해지다. 이후 해양수산부장관을 거쳐, 2002 월드컵의 바람을 타면서 정몽준을 넘어 이회창을 누르고 대통령에 당선되다.

노무현은 예리하나 소탈하고, 토론을 통한 공감 형성을 좋아하며, 국가비전에 대한 통찰력이 강한 대통령으로 정경 유착 단절, 권위주의 청산을 몸소 실천하다.

파격적인 '검사와의 대화' 등을 실천하여 권위주의를 개혁하려던 자칭 '바보 노무현'은 검찰, 경찰, 국정원, 기무사, 국세청, 감사원 등 권력적 성격이 강하나 통치체제에 필수적인 국가기관들을 의

도적으로 멀리하고, 언론과의 갈등관계를 지속하면서, 결국 정권 초기부터 레임덕이 발생하는 어려운 국정상황을 맞는다.

임기 초에 대선 과정의 정치적 기반인 새천년민주당에서 분리하여 열린우리당을 창당하면서 스스로 소수 여당을 자초하다. 대통령의 '선거 중립 의무 위반과 측근 비리 등을 사과하라'는 야당의 요구를 거부하다가 국회에서 탄핵을 당하는 사태가 발생하나 헌법재판소에서 탄핵소추안을 기각하므로 종결되다.

자신의 핵심 공약사항으로 행정수도를 세종시로 이전 추진하는 행정수도건설 특별법은 국회를 통과하다가 헌법재판소에서 '관습헌법 위반'이라는 매우 창조적인 명분으로 위헌판결을 받는 수모를 당하기도 하다.

노무현은 저소득층을 위한 복지정책을 강화하고, 모든 공립학교 학생들에 대한 무상급식제도를 도입하며, 부유층과 기업의 세금 부담을 늘려 재정적자를 줄이면서 국가채무비율을 획기적으로 감축시키다.

대통령 자신이 대통령비서실과 정부 내 전자정보 및 결제 시스템을 구축하는 데 앞장서고, IT산업에 집중하여 괄목할 만한 성장을 이루고 세계적인 선도국가로 부상하다.

한편 북한과의 관계 개선을 통해 개성에 공동경제구역을 설립하는 등 긴장 완화와 우호적 협상 분위기를 마련하다.³

미국, 중국, 일본과의 관계에서는 균형을 추구하나 조금은 강경한 자주 외교정책을 추구하고, 한국의 자율성과 주도성을 우선하여 밀고 나가다.

노무현 대통령은 퇴임 후 '재임 중 친인척 비리'로 조사를 받던 중 세상을 떠나므로 그를 사랑하던 많은 사람들에게 깊은 상처와 회한을 남기다. 그의 안타까운 죽음이 이후 정권 간 편가르기와 정치보복의 씨앗이 되다.

그러나 재임 중 재정건전성을 꾀하고 IT산업을 성숙화하며, 사회·환경 문제와 싸우고 자주적인 외교정책을 추구하던 그의 고뇌와 지혜를 통해 많은 유산과 영감이 남겨지다.

기업인, 서울시장 출신 대통령의 무한도전

현대건설 출신이자 서울시장이던 이명박이 야당인 한나라당 내에서 어렵게 박근혜를 누르고, 대통합민주신당 정동영 후보를 이기면서 다시 한번 여·야 정권교체를 이루다.

어려운 경제 위기 속에서 경제회복을 위해 운하 및 4대강 살리기를 추진하면서 환경단체 등과 많은 갈등을 겪으나 수자원(水資源) 확보, 아라뱃길과 수변공원 조성, 낙동강변 조성 등의 성취를 이루다.

대선 과정과 정권 초 녹색성장, 교육 경쟁력 강화, '7% 수준의 경제성장과 300만 일자리 창출'을 선언하고 기업 활동 규제완화와 감세정책을 추진하나 세계적인 금융위기 속에 현실의 벽은 높다.

영국과 일본 등의 행정개혁을 모델로 하여 작은 정부를 표방하면서 부처 통폐합과 대국(大局)·대과(大課) 주의를 추진하나 부처 간 행정문화 차이와 장기간에 걸친 후속 적응시기, 법령개정 등 혼선이 지속되다.

특히, 정권 초기부터 광우병 괴담으로 큰 진통을 겪는 등 노동계, 농민, 좌파 등으로부터 공격을 받으며 어려움을 겪다.

자신 스스로 국제업무에 우수한 경륜을 가진 이 대통령은 대외적으로는 재협상을 통해 한·미 FTA를 성사시키고, 한미 결속을 다지며, 북한의 핵문제에도 단호히 대처하다. G20정상회의를 성공적으로 개최하다.

미국의 서브프라임 모기지 사태(Sub-prime Mortgage crisis, 비우량 주택담보대출)[4] 로 촉발된 미국발 금융위기 속에 우리 주식시장에서 외국자본이 이탈하고 코스피와 코스닥 지수가 반 토막 나는 사태가 발생하다.

이 위기 속에서 미국과 일본에 통화스와프를 요청하나 거절당하자, 위안화를 기축통화로 만들고 싶어하던 중국과 300억 달러의 스와프를 전격 성공시키니, 이를 지켜보던 미국, 일본도 동조하여 각 300억씩을 더하여 총 900억 달러라는 천문학적 금액을 성사시킴으로 금융위기를 극복하는 쾌거를 거두다. 더불어 무디스,

S&P 등으로부터 국가 신용등급이 일본을 앞서는 등 급향상되고 2008 금융위기를 가장 잘 극복한 나라로 평가받다.

경제성장은 지속되어 세계에서 9번째로 수출·수입 합산 '무역 1조 달러'를 달성하고, 기반이 단단한 원전 플랜트(EPC) 산업을 바탕으로 원전 수출국의 입지를 강화하다. OECD 국가 중 실업률을 최저 수준으로 유지하고 세계적인 경제 위기 속에도 우리나라만 플러스 성장을 하다.

대학등록금 인상폭을 제한하고, 버스 등의 대중교통(교통카드) 환승제도를 실시하는 등 생활형 개혁도 실천하다. 평창 동계올림픽을 유치하는 쾌거를 이루다.

에필로그

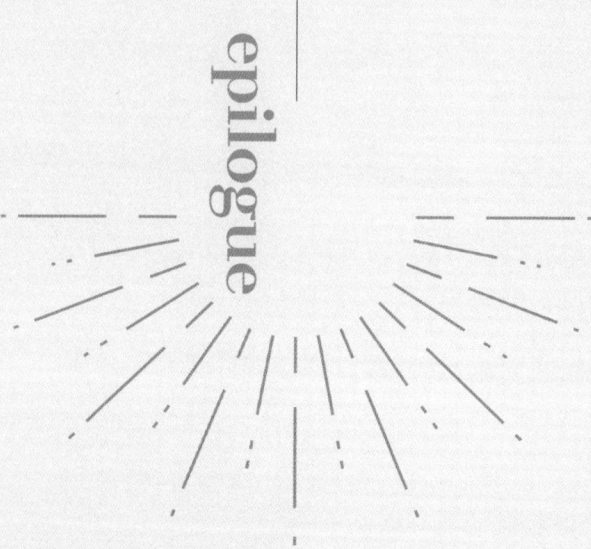

특별한 나라 대한민국, 문득 다가올 통일

미국의 노엄 촘스키 교수(매사추세츠 공대)는 경제성장과 민주화에서 제2차 세계대전 이후 가장 성공한 나라로 한국을 꼽고 있다.

수많은 신생 독립국이 이 두 과제를 추구했지만 사실상 성공하기는 어려운 것이 현실인데, 우리는 참으로 어려운 정치적 굴곡 속에서도 두 마리 토끼를 잡는 데 성공한 특별한 나라요 위대한 민족이 아닐 수 없다.

해방 이후 정부수립과 6.25 전쟁의 참화를 겪은 대한민국이 대륙세력과 절연(絶緣)이 시작된 지 70여 년의 짧은 기간에 해양화되고 개방화되어, 세계 최고 강국들에게 배우고 경쟁하면서 고도성장을 거듭하여 선진국에 진입하고, 한편 짧은 기간 내에 치열한 민주화 과정을 통해 상당한 자유민주주의 체제를 동시에 이뤄낸 것은 기적 같은 현상이다.

6.25 당시 경제 및 군사 원조 대상국이던 우리나라가 이제는 세계 10위권의 경제 대국, 7위권의 군사 대국으로 성장하여 다양한 국제 지원 활동을 펴고 있다.

또한 드라마, 영화, K-POP, 스포츠 등 대중문화는 한류 열풍을 타고 세계인의 사랑을 받으며 문화의 중심에 우뚝 서다.

지금 이념과 지역, 세대 간 갈등을 심화시키고, 또 갈등과 분쟁을 정치적으로 이용하는 세력에 의해 어두운 시기를 거치고 있지만 우리가 겪어온 수많은 도전과 시련, 극복의 과정과 큰 다름 아니다.

우리는 깨어서 다시 일어서고, 극복하고 포용하면서 자랑스러운 미래로 나아갈 것이다.

어느 날 문득 다가올 통일을 기대하고 대비하자

머잖아 변화되는 국제관계 속에서, 과거 구(旧)소련의 해체 시기에 독일의 통일이 갑자기 찾아온 것처럼, 통일의 시대가 - 모두가 꿈꾸는 낯선, 그러나 희망찬 미래가 - 어느 날 문득 찾아오리라.

해방의 기쁨도 잠시, 남북이 갈려 이념과 체제가 다른 정부가 각각 세워지고, 또 민족상잔의 수난은 물론 70~80여 년의 이질적

(異質的) 변천과 성장·쇠락 과정을 각각 거치니 그야말로 극단적 궤적이 아닐 수 없다.

어둡고 음침한 철의 장막 속에 우리의 반쪽 형제들이 억압과 통제 그리고 고통 속에 있은 지 너무 오랜 세월이라. 대륙종속 전체주의 독재체제와 해양지향 개방적 자유민주주의 체제의 간극이 너무 심하다.

나라가 분열되고 멸망한 세계사적 사례를 돌아보자. 이스라엘이 솔로몬 왕의 사후에 그 아들이 교만하고 경솔하여 북이스라엘과 남유다로 분열하였다. 부패와 탐욕, 종교적 타락이 만연한 북이스라엘이 앗시리아 제국에게 멸망 당하고, 다시 135년이 지나 남유다가 무능하고 타락하면서 신흥제국 바빌로니아에게 예루살렘이 침공당하면서 멸망하지 않았는가. 70여 년의 바빌론 유배 시기를 거쳐, 더욱 강력한 신흥 페르시아 제국의 시기에, 황제의 신임을 얻은 느헤미야의 담대함과 지혜로 예루살렘 귀환의 기적을 이루게 되었다.

구소련의 변화와 해체, 바빌론에서 페르시아로의 권력 이동과 지혜자의 담대한 헌신 등에서 보듯이 우리나라도 주변 핵심국의 내·외부에 중대한 변화가 올 때 국가 간 세력균형의 빠른 재편과 민족의 회복이 진행되리라.

대륙의 중대한 내부 변화와 인접국·이해당사국 간 세력균형의 변화가 한반도의 장래 모습을 사뭇 바꾸리라. 우리의 주체역량이 충분히 강하고, 준비되어 있어야 하리라. 그러하니 깨어있으라!

그리하여 어느 날 문득 미래의 빛이 단군 시대까지 거슬러 올라가 찬란히 비출 것이다. 그 빛이 다시 오늘을 사는 우리와 미래 세대에게 강한 통찰과 영감을 주면서 우리는 다시 태어나고, 또 세계 속에 우뚝 선 자랑스러운 민족을 만들어 갈 것이다.

주

1 하느님을 경배하는 나라가 서다

1 하북성 영평부를 흐르는 난하
2 거수국(渠帥國) 또는 제후국이라 한다.
3 부왕과 준왕은 사마천의 《사기》에 따르면 양국(梁國) 몽현(蒙縣, 지금의 하남성 상구)에 무덤이 있다는 기자의 후손으로 알려지다. 그래서 산동반도 주변 하북성과 하남성 일대에 오랜 기간 기자조선이 존재한 것으로 알려지다.
4 고조선이 지배한 독립성이 강한 제후국
5 《삼국사기》, 후한서
6 부왕의 아들 준왕은 위만이 모반하자 그 측근 신하와 궁인들을 거느리고 남하하여 마한으로 내려와 한왕(韓王)이 되다.

2 한반도, 만주와 요동 지방에 굳게 선 세 나라

1 흉노가 한을 건국한 후 북위가 화북지방을 통일할 때까지 화북에서 흥망한 5호(흉노, 갈족, 창족, 저족, 선비족)와 한족의 나라 및 그 시대
2 장수왕이 천도한 평양이 지금의 평양인지 아니면 고대의 평양성인 요양인지 분명

치 않다. 중국 25개 정사 중 원나라 왕조의 역사를 기록한 원사(元史, 저자는 송렴, 고계)의 지리지에 고련(장수왕)이 처음 살게 된 평양성은 '동녕로(東寧路)'라 하는데 이는 요령성 요양(遼陽)으로 보인다.

3   고주몽이 부여에 있을 때 예씨에게서 낳은 아들 유류(유리왕)가 태자가 되자 비류와 온조가 새 나라를 세우기 위해 남하하다.

4   衛士佐平. 6좌평 중의 하나로 숙위병사(宿衛兵事) 관계의 업무를 관장

5   무령왕릉 지석

6   일본의 국보 고고(考古) 2호로 도쿄 국립박물관 소장

7   금강 하구 유역으로 추정하다.

8   위치가 불명하다. 충남의 연기, 홍성 혹은 전북 전주나 고부 등이 후보지다.

9   진한의 말로 왕 혹은 귀인의 칭호. '불구내'라 하기도 하다.

10 충으로써 임금을 섬긴다. 효로써 부모를 섬긴다. 믿음으로써 벗을 사귄다. 전쟁에 임하여 물러서지 않는다. 살생을 가려서 한다.

11 《삼국유사》

5 새로운 통일왕국, 통일신라

1   형상이 있든 없든 일체법은 오직 마음뿐이라는 것

2   황소의 난이 일어났을 때 지은 문장으로, 당 전역에 널리 알려짐

3   대체로 1천 명에서 5천 명 정도의 군사를 휘하에 거느릴 수 있는 지위

4   《신당서》(송나라에서 편찬한 당나라 역사책) 및《삼국사기》

5   짬파(베트남 중부지방, 말레이계의 구 참족이 세운 왕국), 스리위자야(말레이 지역에서 강력한 제해권을 가진 도시국가), 마타람 왕국(인도네시아 자바의 힌두교 및 불교 왕국), 크메르 왕국(캄보디아 크메르족의 나라), 라보 왕국(태국의 고대 왕국), 팔라 왕조(동인도 지역을 지배한 중세 인도의 제국), 라슈트라쿠타 왕조(인도 아대륙 대부분을 통치한 인도왕조), 프라티하라 왕조(북인도를 통일한 마지막 힌두계열 왕조), 압바스 왕조(이슬람 제국) 등

6   지리학총서《먼 나라를 종횡할 꿈을 가진 자들의 산보》

6 강한 리더십과 통일정신으로 세운 고려

1   후삼국 통일 전쟁에 대한 포상이자 관인에게 지급하는 급여. 이후 전시과(田柴科) 제도의 선행형태

2   통일 과정에서 나타난 후백제인의 원한에 대한 경계의 의미. 실제로는 태조의 주변에도 사표인 도선국사, 태사 최지몽, 왕비 장화왕후 오씨, 개국공신 신숭겸 등 수많은 후백제계 인물이 있었다. 이 훈요10조를 충복 박술희에게 전하였으나 이 사람도 호남 사람이니 그 의미를 과도하게 해석하면 안 되리라.

3   《고려사》, '제가 보건대 서경 임원역의 땅은 풍수지리를 하는 사람들이 말하는 아주 좋은 땅입니다. 만약 이곳에 궁궐을 짓고 옮겨 앉으시면 천하를 다스릴 수 있습니다. 또한 금이 선물을 바치고 스스로 항복할 것이요, 주변의 36나라가 모두 머리를 조아릴 것입니다.'

4   무신의 난 이후 관직에 오른 사람들 중 천민 출신도 많다.

5   〈훈요10조〉 중 제4조 '우리나라는 예로부터 중국의 문물과 예악을 본받았으나 지역이 다르고 인성이 다르니 굳이 맞출 필요는 없다. 거란은 짐승의 나라이므로 그들의 의관 제도를 아예 따르지 마라.'

6   인도 석가모니 부처로부터 제자 가섭을 통해 내려오던 선맥(禪脈)이 108대 조사 지공선사를 거쳐 나옹에게 이어지다.

7   고려말 공민왕의 스승이자, 이성계의 왕사인 무학대사의 스승

7 새로운 개혁정신, 조선이 서다

1   주원장이 원나라를 북쪽으로 쫓아내고 건국한 마지막 한족 통일왕조.

2   고려시대부터 존재하던 것이나, 중죄인을 다루는 의금부에서 국왕에게 보고하고 바로 처벌하는 것을 도둑질한 궁인조차도 삼복법을 적용하도록 하다.

3   토지의 등급을 비옥도에 따라 1-6등전으로 나눈 것

4   토지 1경당 풍흉에 따라 최저 4두에서 최고 20두를 납부하는 조세제도
5   한명회가 기획하여 '세종의 셋째 아들 안평대군이 영의정 황보인, 우의정 김종서, 좌의정 정분 등 무리들과 역모를 꾸몄다'고 조작한 사건
6   조선 전기의 중앙군. 세조 때 삼군부를 5위로 개편하고 오위진무소가 총괄케 하다. 나중에 오위도총부로 개칭하다.
7   일단 관직에 진출하여 과전을 받으면 사망할 때까지 보유하는 과전법을 폐지하다.
8   임금이 학문이나 기술을 강론, 연마하고 더불어 신하들과 국정을 협의하던 자리
9   예종 때 벼슬하던 유자광은 성종의 미움을 사서 귀양을 갔던 자다. 젊고 탁월한 남이장군을 억울한 죽음으로 몰고 간 당사자다.
10   중종반정의 공신 중에서 자격이 없는 자들 76명을 추려 공적을 깎고 토지와 노비를 몰수하다.
11   중종의 1계비로서 인종을 낳은 장경왕후의 오빠다. 즉 인종의 외삼촌. 파평윤씨.
12   중종의 2계비로서 명종을 낳은 문정왕후의 아우다. 윤원로는 문정왕후의 오빠. 역시 파평윤씨.
13   측은지심(惻隱之心), 수오지심(羞惡之心), 사양지심(辭讓之心), 시비지심(是非之心)의 네 가지 마음(감정)으로서 각각 인의예지의 착한 본성에서 발로되어 나오는 감정이다.
14   희, 노, 애, 구(懼 두려움), 애, 오, 욕의 일곱 가지 감정이다.
15   향촌규약(鄕村規約)의 준말. 조선시대 향촌에서 양반들의 자치활동을 보장받고, 하층민을 다스리기 위한 규율로서 유교적 예절과 풍속을 향촌사회에 보급하여 도덕적 질서를 확립하고, 미풍양속을 진작하며, 상부상조하기 위한 목적이다.
16   가마쿠라 막부가 막을 내린 후 쇼군 아시카가 다마우치가 교토에 세운 막부. 무로마치 막부라고도 한다.
17   중종의 일곱 번째 아들인 덕흥대원군의 셋째아들
18   《연려실기술》, 김효원은 "이조의 관직이 외척의 물건인가? 심씨 집안에서 차지하려 한단 말이냐?"라고 비판하다.

353

19   김효원은 집이 동쪽 건천동이어서 동인이라 불리고, 주로 이황과 조식의 제자가 많다. 허엽, 류성룡, 김성일, 우성전, 남이공 등이 해당된다.

20   심의겸은 서울 서쪽 정릉에 살고 있어 서인으로 불리고, 이이의 제자가 많았다. 박순, 윤두수, 남언경, 정철, 조헌 등이 어울리다.

8 시련을 넘어 부는 개혁의 새 바람

1   선조는 이미 선전관을 보내서 우부승지 김홍미에게 비망기를 내리니 '만약 이순신이 군사를 거느리고 적과 대치하고 있다면 체포하기가 쉽지 않을 것이니 전투가 끝난 틈을 타서 잡아오라'고 구체적으로 지시하다.

2   임진왜란 때 이순신, 곽재우, 김덕령 등 명장을 발탁하다.

3   미국과 영국 해군 교과서로 쓴 책인 《해전의 모든 것》에서도 이순신을 전설적인 명장 제독으로 추앙하는 한편 원균은 조선 수군을 산 채로 매장한 최악의 제독으로 평가하다.

4   '今臣戰船尙有十二'

5   온 천하를 조직적으로 잘 계획하여 다스리는 재주

6   중국의 복희와 여와 신화에 나오는 구절. 찢어진 하늘을 꿰매고 흐린 태양을 목욕시킨 공로가 있는 분이라는 뜻

7   충무공 이순신 신도비

8   이익, 《성호사설》

9   '울릉도는 일본의 영토가 아니다'라는 내용으로서 17세기 무렵 일본이 울릉도(와 그 부속도서인 독도)가 자신의 영토가 아니라고 판단한 중요한 증거가 되다.

10   태종 때 두 번, 세종 때 세 번에 걸쳐 주문을 본토로 쇄환하다.

11   당시에도 남구만(영중추부사), 윤지완(영돈녕부사), 신여철(지중추부사) 등 소론 대신들은 안용복의 범죄행위는 인정하지만 호키주 태수를 직접 만나 울릉도·독도 영유권과 어업권을 막부에 주장한 것을 높이 평가하고 감형을 건의하다.

12   박정희 대통령은 '국토를 수호한 공로는 사라지지 않을 것'이라는 휘호를 기증하

다. 부산 수영사적공원(안용복이 근처에 살던 경상좌수영 소재지) 안에 그의 충혼탑이 서다.

13   이익,《성호사설》제3권 〈천지문〉 울릉도
14   임금의 정치가 한쪽을 편들지 않고 사심이 없으며 당을 이루지도 한는 상태에 이르는 것
15   규장각은 세종 때의 집현전, 성종 때의 홍문관과 맥을 같이한다.
16   서는 양인 첩의 자손, 얼은 천인 첩의 자손
17   스위스 선교사가 물리학과 도르래의 사용법을 설명한 책
18   거중기, 녹로, 유형거 등을 개발하여 활용하다
19   금난전권은 육의전과 시전상인이 난전을 금지시킬 수 있었던 권리. 노론의 자금줄이었다.
20   시전상인들만의 특권 상행위를 비시전 상인들에게도 허용한 정책.
21   오월 그믐날 경연장에서 내린 명령.
22   영조의 계비
23   정조의 아버지 사도세자를 죽음에 이르게 한 세력. 정조가 정후겸, 홍인한, 김귀주(정순왕후의 오빠)를 숙청한 이유로 노론이 정조를 암살했을 가능성도 제기되다.

9 흔들림 속에서 싹트는 기운

1   '궁도령은 궁이나 지킬 것이지 굽실굽실 신발을 질질 끌며 무엇 때문에 재상 집에 다니는가?' 대원군이 세도 재상 김좌근을 만나러 집에 갔을 때 그의 집에 있던 호조판서 심의면이 김좌근에게 대원군을 조롱하며 한 말이다(황현《매천야록》).
2   농토에서 거두어 들이는 세금행정의 비리
3   농민장정으로부터 군포를 거두어들이는 행정의 비리와 부정
4   봄에 곡식을 빌려주고 가을에 이자를 붙여 받아들이는 제도이나 고리대 등 부정이 극성함

5 임진왜란 이후 실시한 합법적인 신분 상승 방법
6 무병장수의 상징이자 영원한 생명, 완전무결. 종교적 수련의 마지막으로 '한울님을 모시면 조화가 이루어진다'는 것이니 후천개벽이라 하다.
7 아담 샬의 회고록 중에서
8 실제 사회에 이용될 수 있다는 정신
9 세상을 바로잡고 건지자는 이념
10 토지의 균등한 분배와 1/10세를 포괄하는 제도
11 정약용이 과거 암행어사 시절에 '서원의 토지를 불법적으로 자기 소유로 만든 사실'을 적발하고 탐관오리로 지목하여 파면한 인물. 정약용이 정책을 건의할 때마다 헐뜯고, 천주교 신자라 하여 유배를 보내는 데 역할을 하며, 유배를 풀어주자는 논의를 번번이 방해하다. 정약용이 귀양에서 풀려난 당시 좌의정, 이후에 영의정에 오르다.《정조실록》편찬자 중 하나다.
12 다산 정약용의 작품과 저서 모음집
13 22권의 책. 각각 접을 수 있도록 만든 편리하고 우수한 지도
1 수신사 박영효는 현해탄을 건너는 배 안에서 국기의 필요성을 깨닫고 태극문양과 건곤감리를 접목하여 처음으로 태극기를 제작하다.

10 허약한 리더십과 외세의 각축 속에서

2 청나라에서 최고의 지방 장관인 직례 총독을 두 번이나 지낸 실력자이자 외교관.
3 '신사상은 박규수 집 사랑방(계동)에서 나왔소. 김옥균과 홍영식, 서광범 그리고 박영효 등이 재동의 박규수 사랑방에 모였소‥‥‥ (박영효는) 연암집(박규수, 박지원의 산문을 엮은 문집)의 '귀족을 공격하는 글'에서 평등사상을 얻었소'고 한다‥‥‥ 이처럼 박영효는 '당시 신사상이라는 것이 바로 평등론, 민권론이었다'고 말한다.' - 이광수의 박영효 면담, '동광'(1931) -
4 東學史, 동학 농민군 제1차 봉기 때의 격문 글
5 루스벨트 대통령은 이 일로 인해 노벨평화상을 받다.

6   일본 혼슈의 주고쿠 지방에 있는 현으로 독도(다케시마)가 시마네현의 오키 제도에 속한다고 주장하다.
7   이 사실은 일본의 공문록(公文錄)과 태정류전(太政類典)에 전한다.
8   미국의 필리핀 지배를 인정하고, 일본의 한국 지배를 인정하는 미·일 간 비밀조약
9   블라디보스토크에서 대한의군 참모중장, 특파 독립대장, 러시아 지구 군사령 등을 맡은 바 있다.

11 총칼 앞에 신음하던 조선의 저항

1   이회영 형제들은 노블레스 오블리주의 전형이다. 최고의 명망가 집안이 만주로 망명하면서 1만여 석의 재산과 가옥을 모두 처분하니 오늘날 가치로 최소 600억 원에서 수천억 원 수준이다. 독립운동에 전념하다 이회영 일가가 겪은 희생과 고초는 이루 말할 수 없다 한다. 이회영 자신은 일본 경찰에 체포되어 고문을 받다 숨지고, 형제들도 대부분 병사하거나 몰살당하다. 여섯 형제 중 다섯째인 이시영만이 임시정부의 국무위원으로 활동하다가 광복 후 초대 부통령을 역임하다.
2   압록강 상류와 두만강 북쪽의 조선인 거주지역, 일반적으로는 두만강 북쪽의 동간도로서 현재의 연변 조선족 자치주
3   중국 신문이 이 사건을 '천황에게 폭탄을 던졌으나 불행하게도 맞추지 못하였다'고 보도하여 일본이 이에 크게 화를 내고 상하이에 대군을 상륙시켜서 상하이사변이 일어나다.
4   남만주철도주식회사. 중국 동북지방에 존재한 일제의 국책회사
5   일본 제국의 관동군이 중국의 만주를 침략하기 위해 벌인 자작극
6   일본, 중국 양국 군대가 노구교에서 충돌하여 중일전쟁의 발단이 된 사건으로 일본이 증폭시킴

12 광복 대한민국의 새로운 출항

1   여운영, 허헌, 성주식 장건상, 이영, 정노식, 정백, 이강국 등이 중도좌익 계열의 인사

2   김규식, 안재홍, 원세훈, 최동오, 김붕준, 김양수 등이 중도우익 계열의 인사

3   우리나라 야당의 원조가 되다.

4   극우주의자들에 의해 암살당하다.

5   김구, 이승만 등과 갈등하다.

6   한국이 배제된 채 맺어진 이 조약에 한국의 영토 관련 부분에 조약 초안과 달리 독도 표기가 생략되므로 일본이 독도를 자국 영토라고 주장하는 빌미를 제공하게 되는데, 이는 6.25 전쟁 중에 일본이 집요하게 미국 국무부에 로비를 한 때문으로, 메이지 정부의 공식적인 태정관지령을 인지하지 못한 미국무부 실무진이 '러일전쟁 당시 일본이 독도를 무단으로 편입한 것(시마네현 고시 제40호)'을 근거로 하니, 이는 실체적 진실과는 동떨어진 내용이다.

7   일본 NHK는 정오뉴스에서 다케시마에서 한국경비대가 발포하여 16명의 사상자가 발생했다고 보도하다.

8   일사부재리의 원칙에 위배되고, 공고되지 않은 개헌안이 의결되며, 토론의 자유가 보장되지 않고, 의결이 강제되어 위헌적 성격을 가진다.

9   일본 정부는 이승만 라인/평화선을 공해자유의 원칙에 어긋나는 불법적 영토 침략이라고 주장하다. 이승만은 불법 침입하여 조업하는 외국 어선을 나포하라고 지시하고, 일본 해상보안청 감시선과 마찰을 빚기도 하다. 유엔군 사령관 클라크 장군이 조선인민주주의공화국에 대한 방어와 밀수출입 봉쇄차원에서 클라크 라인이라는 해상 방위수역을 선포하니 평화선과 비슷한 형태라서 한·일 간 마찰이 잦아들다. 이후 한일 국교 정상화와 한일 어업협정의 성립으로 평화선을 둘러싼 갈등이 상당 부분 해소되다.

13 급속한 정치변화 속에 가파른 경제성장의 기적

1   비둘기, 맹호, 청룡, 백마부대 등

2   긴장 완화와 냉전의 이완

14 통치체제 전환 가운데 군부정치의 빛과 그림자

1. 교육대상자 중에는 17명 이상의 중학생을 비롯한 980명의 학생이 포함되고, 교육기간 중 교육대상자 54명이 사망하다.
2. 전두환 신군부와 미국 정부 간 협의한 정황에 대해 진상을 밝혀줄 것을 요구함
3. 김승일은 검거 후 담배갑에 숨겨둔 청산가리 앰플을 깨물어 자살하고, 김현희는 앰플을 깨물기는 했으나 빼앗기며 실패하다.

15 민간 주도 민주정부가 탄생하여 개혁을 거듭하다

1. 나그네의 옷을 벗기는 것은 비바람이 아니라 햇빛이라는 이솝 우화에서 차용한 용어다.
2. 부산의 학림사건, 부산지역 최대의 용공조작 사건. 체포된 전원이 형집행 정지로 풀려나고 이후 민주화 운동으로 인정받음
3. 이러한 긍정적 결과와는 별도로 전 정권과 마찬가지로 협력사업을 통해 상당한 재원이 핵 개발 및 군비 확충에 유용된 것이 아닌가 하는 우려도 여전하다.
4. 미국에서 부동산 거품이 꺼진 후 발생한 부동산 가격의 급락으로 촉발되어 모기지론 부실, 대규모 차압 및 주택저당증권의 가치하락을 일으키다. 이러한 부동산 투자 침체 이후 대침체가 발행하면서 이후 소비자 지출 및 사업 투자 감소 등 위기적 현상이 일어나다.

빛으로 본 한국 역사
나의 딸, 나의 아들과 미래 세대에게 들려주는 우리 역사 이야기

| 1판 1쇄 발행 2023년 12월 10일 | 지은이 김영석

펴낸곳 도도
출판등록 제2020-000161호
주소 서울특별시 마포구 잔다리로 48, 3층 3001호(서교동, 정원빌딩)
전화 02-720-0551
팩스 02-720-0552
이메일 oceanos2000@hanmail.net

ⓒ 김영석, 2023
ISBN 979-11-981970-2-3 03910